2020年度广东省普通高校人文社科项目（特色创新类项目）资助
面向轨道交通企业需求的高职院校复合型技术技能人才培养模式研究与实践（编号：2019GWTSCX094）

高职院校复合型人才培养模式探索与实践

唐湘桃　王亚妮　阮彩霞 ◎ 著

西南交通大学出版社
·成　都·

图书在版编目（ＣＩＰ）数据

高职院校复合型人才培养模式探索与实践 / 唐湘桃，王亚妮，阮彩霞著. --成都：西南交通大学出版社，2023.11
ISBN 978-7-5643-9556-8

Ⅰ.①高… Ⅱ.①唐… ②王… ③阮… Ⅲ.①高等职业教育–人才培养–研究–中国 Ⅳ.①G718.5

中国国家版本馆 CIP 数据核字（2023）第 212256 号

Gaozhi Yuanxiao Fuhexing Rencai Peiyang Moshi Tansuo yu Shijian
高职院校复合型人才培养模式探索与实践

唐湘桃　王亚妮　阮彩霞　著

责任编辑	周媛媛
封面设计	GT 工作室
出版发行	西南交通大学出版社 （四川省成都市金牛区二环路北一段 111 号 西南交通大学创新大厦 21 楼）
邮政编码	610031
营销部电话	028-87600564　028-87600533
网址	http://www.xnjdcbs.com
印刷	成都市新都华兴印务有限公司
成品尺寸	170 mm×230 mm
印张	13
字数	179 千
版次	2023 年 11 月第 1 版
印次	2023 年 11 月第 1 次
定价	64.00 元
书号	ISBN 978-7-5643-9556-8

图书如有印装质量问题　本社负责退换
版权所有　盗版必究　举报电话：028-87600562

前言 Preface

人工智能技术的快速发展带来了旧职业的消亡、新职业的产生，带来了职业结构的变革，使社会上出现了越来越多的专业复合、学科交叉的行业，如数字化经济、智能化经济等。随着数字经济、绿色经济等新型经济发展模式的涌现，社会职业岗位的单一对口性降低，职业岗位的综合性、融合性大幅提升，不同领域相互"捆绑"成为现代新兴产业的源头，如传统交通领域与计算机科学相结合形成"智慧交通"。轨道交通产业升级对人才的需求规模和培养规格都提出了新的要求。传统的单一专业培养模式已难以满足新工业革命背景下现代产业对技术技能人才的需求，我国技术技能人才的结构和素质仍然未能较好地满足产业转型升级的需要，复合型人才供需矛盾日益凸显。面对时代发展的新趋势、社会发展的新常态以及"互联网+"的新技术等，高职教育迎来了新的机遇与挑战。轨道交通产业的高质量发展以及职业教育进入高质量发展阶段，为铁路类高职院校带来新的发展机遇。如何培养具有国际化视野、创新创业意识、高尚的职业道德和工匠精神的高素质复合型技术技能人才，以及如何加快推进人才培养模式创新成为新的挑战。高职院校在复合型、创新型人才培养中承担着重要角色，如何推进复合型技术技能人才培养模式创新，是高等职业教育的难点与重点，更是提升人才培养质量的关键所在。

本书系统分析了高职人才培养模式的核心概念、理论基础、研究进展，比较分析了国内外职业教育人才培养模式的内涵和特点。针对高职院校复合型技术技能人才培养现状与存在的问题，提出了基于专业群的复合型技术技能人才培养模式创新的路径；建构了复合型人才培养模式的理论框架，聚焦复合型技术技能人才培养目标、专业群模块化课程体系、实践教学体系进行了深入和系统的研究。在理论研究的基础上，结合案例，深入阐述了基于专业群的高职复合型人才培养模式构建与实践。以广州铁路职业技术学院铁道供电技术专业群为典型案例，详细阐述了面向轨道交通产业需求的高职院校复合型人才培养模式的探索与实践。

本书共分 5 章，各章内容安排如下：

第一章为绪论，主要对职业教育的内涵、主要特征以及高等职业教育内涵、主要特征进行解析，对高等职业教育发展历程进行简要介绍，从时代背景和国家发展的角度分析复合型技术技能人才培养的必要性。

第二章为高职复合型人才培养模式的理论基础，主要对高职人才培养模式内涵界定、培养模式与其相关概念辨析、培养模式的特点和构成要素进行论述，在分析国内外复合型人才培养研究进展的基础上，简要论述了教育基本规律理论、人的全面发展理论、多元智能理论、基于能力本位的职业教育理论、通识教育理论、建构主义理论的核心内容及其对复合型人才培养的启示，进而提出对高职复合型人才培养模式研究的启示和意义。

第三章为国内外高职人才培养主要模式比较分析。该章分析国内产学研结合人才培养模式、"订单式"人才培养模式、"工学交替"人才培养模式、中国特色现代学徒制人才培养模式、中高职贯通人才培养模式、高职本科贯通人才培养模式六种高职人才培养模式的内涵和主要特点，总结德国、加拿大、美国、新加坡等国外职业教育人才培养主要模式的发展过程、主要特点，比较分析后获得对我国高职人才培养模式的启示。

第四章为高职院校复合型人才培养模式创新研究。该章分析高职院校复合型人才培养现状，梳理出理念之缺失、专业之壁垒、资源之匮乏、育人之淡化等高职人才培养存在的主要问题，针对这些问题提出创新高职复合型人才培养模式的必要性，构建高职院校复合型人才培养模式基本框架，分析复合型人才培养模式的层次结构、组成要素以及培养主体在复合型人才培养中的作用，论述如何开发专业群模块化课程体系、建设实践教学体系和打造"双师型"师资队伍等。

第五章为轨道交通复合型人才培养模式探索与实践。以广州铁路职业技术学院为典型案例，详细阐述了面向轨道交通产业需求的高职院校复合型人才培养模式探索与实践。

期待本书能为高职院校推进基于专业群的复合型人才培养模式创新提供一定的参考。

唐湘桃
2023 年 9 月 10 日

目录 Contents

第一章 绪 论 001
- 第一节 职业教育的内涵及特征 001
- 第二节 高等职业教育的内涵及特征 010
- 第三节 复合型技术技能人才的内涵及特征 023
- 第四节 复合型人才培养模式研究背景 033

第二章 高职复合型人才培养模式的理论基础 039
- 第一节 高职人才培养模式的内涵及特点 039
- 第二节 国内外复合型人才培养研究进展 051
- 第三节 高职复合型人才培养模式理论基础 060

第三章 国内外高职人才培养主要模式比较分析 079
- 第一节 我国高职人才培养主要模式比较分析 079
- 第二节 国外高职人才培养主要模式及比较借鉴 087

第四章 高职院校复合型人才培养模式创新研究 108
- 第一节 高职院校复合型人才培养现状分析 108
- 第二节 高职复合型人才培养模式内涵分析 114
- 第三节 高职复合型人才培养模式构建 122

第五章 轨道交通复合型人才培养模式探索与实践 158
- 第一节 动态调整优化专业设置 158
- 第二节 基于专业群的复合型人才培养模式探索 165
- 第三节 高职复合型人才培养机制 185

参考文献 194

第一章

PART ONE

绪 论

第一节 职业教育的内涵及特征

什么是职业教育？"职业教育是指为了培养高素质技术技能人才，使受教育者具备从事某种职业或者实现职业发展所需要的职业道德、科学文化与专业知识、技术技能等职业综合素质和行动能力而实施的教育，包括职业学校教育和职业培训。"[①]职业教育是与普通教育具有同等重要地位的教育类型，是国民教育体系和人力资源开发的重要组成部分，是培养多样化人才、传承技术技能、促进就业创业的重要途径。

一、职业教育内涵的演变

在教育史上，关于职业教育概念的解释很多。杜威在《民主主义与教育》一书中，把职业界定为一个表示有连续性的具体名词。它既包括专业性和事务性的职业，也包括任何一种艺术能力、特殊的科学能力以及有效的公民品德发展，当然也包括机械劳动或从事有收益的工作。职业泛指任何能服务他人的、能使个人为达到结果而付出能力的、持续不断的行为。[②]杜威在《民主主义与教育》一书中，把职业界定成任何形式的连续不断的活动，职业即生长、生活，职业具有多重价值，每个社会成员的职业有各

[①] 全国人大常委会办公厅. 中华人民共和国职业教育法[M]. 北京：中国民主法制出版社，2022.
[②] 杜威. 民主主义与教育[M]. 武汉：长江文艺出版社，2018.

种不同和互相联系的内容，一种特殊的职业是在广阔的背景下不断发展变化和显示它存在的社会价值。1906年严复提出"实业教育"，1914年，蔡元培提出"实利主义教育"，其中心思想是强调"以人民生计为普通教育之中坚"。在实利主义教育思想的启发下，黄炎培等人提出了"实用主义教育"。黄炎培是我国近代职业教育的开创者，他在中国教育史上，第一次系统地提出职业教育理论并付诸实践。1934年，在中华职业教育社第十三次代表大会的宣言中，黄炎培提出"职业教育之定义"，即"职业教育之定义，是为用教育方法，使人人依其个性，获得生活的供给与乐趣，同时尽其对群之义务。而其目的：一为谋个性之发展；二为个人谋生之准备；三为个人服务社会之准备；四为国家及世界增进生产力之准备"[1]，并把职业教育的终极目标确定为"使无业者有业，使有业者乐业"[2]。黄炎培反对把职业教育看作单纯是职业知识技能的传播，而认为职业教育的目的不仅仅是使受教育者获得一技之长，借以谋生，更重要的是要全面提高他们的素质，充分发掘他们的内在潜力，使其个性得以充分自由地发展。

黄炎培在《中华职业教育社宣言》中提出，职业教育的目的"一为谋个性之发展；二为个人谋生之准备；三为个人服务社会之准备；四为国家及世界增进生产力之准备"[3]。他认为职业教育的终极目标应确定为"使无业者有业，使有业者乐业"[4]"用教育的方式，使人人一方获得生活之供给与乐趣，一方尽其对群之义务，名曰职业教育"[5]。这些经典表述回答了何为职业教育、教育为什么而办以及职业教育为谁而办的问题。

黄炎培职业教育思想以"大职业教育主义"为精髓，认为职业教育应

---

[1] 黄炎培. 中华职业教育社宣言[M]//黄炎培教育文集：第3卷. 北京：中国文史出版社，1994：216.
[2] 黄炎培. 中华职业教育社奋斗三十二年发见的新生命[M]//黄炎培教育文选：第2卷. 上海：上海教育出版社，1985：182.
[3] 黄炎培. 中华职业教育社宣言[J]. 教育与职业，1934（154）.
[4] 黄炎培. 中华职业教育社奋斗三十二年发见的新生命[M]//中华职业教育社. 黄炎培教育文选. 上海：上海教育出版社，1985.
[5] 黄炎培. 职业教育之定义[M]//黄炎培教育文选. 上海：上海教育出版社，1985.

该与整个产业界和教育界相联系，这与目前我国所提倡的普职融通、产教融合的要求是完全一致的。黄炎培在创办中华职业教育社时，正式将"实用主义教育"改称为"职业教育"，从此，"职业教育"成为1949以前我国社会各界大部分人通用的概念，其内涵是职业教育和技术教育，它反映了我国这一教育领域的实际情况。因为在我国中等职业技术学校中，中等专业学校（未含中师）历来以培养中级技术人员和管理人员为主，国际上将其归属于技术教育；技工学校以培养技术工人和其他有专门技能的操作人员为主，国际上将其归属于职业教育；职业高中则上述两者兼有，以后者占多数。

1949年新中国成立以后，最初的几年时间里，"职业教育"被改称为"技术教育"，主要是培养具有必要文化科学的基本知识，掌握一定现代技术，身体健康，全心全意为人民服务的初级和中级人才。后来，国务院又将技术教育改称为"职业教育"。1982年，"职业教育"这一概念被《中华人民共和国宪法》予以正式确认。1996年，《中华人民共和国教育法》再次确认了职业教育的法律地位，并赋予了其新的含义："职业教育是国家教育事业的重要组成部分，是促进经济社会发展和劳动就业的重要途径。"2000年，顾明远、梁忠义在其主编的《世界教育大系——职业教育》中指出"职业教育的基本涵义是什么呢？简单地说职业教育就是为了培养职业人的，以传授某种特定职业所需的知识、技能和职业意识的教育"[1]。2005年11月，温家宝总理在全国职业教育工作会议的讲话中对职业教育作了专门解释："我们说的职业教育是个统称，它既包括技术教育也包括技术培训，既包括职业教育也包括职业培训，既包括中等职业教育也包括高等职业教育。"[2]因此，职业教育的内涵，完整的表述应该是包括技术教

---

[1] 顾明远，梁忠义. 世界教育大系——职业教育[M]. 吉林：吉林教育出版社，2000.
[2] 中华人民共和国中央人民政府网. 大力发展中国特色的职业教育——温家宝总理在全国职业教育工作会议上的讲话[EB/OL].（2005-11-07）. https://www.gov.cn/ldhd/2005-11-13/content_96814.htm.

育、技术培训、职业教育和职业培训，分为中等职业教育和高等职业教育的教育，其中，高等职业教育是我国职业教育的较高层次。

在国际上，职业教育于18世纪末产生于欧洲，最初采取学徒制形式。19世纪，随着工业的发展，在一些欧洲国家开始以学校形式开展"技术教育"。1972年，联合国教科文组织国际教育发展委员会就在《学会生存》中指出："为人们投入工作和实际生活作准备的教育，其目的应该较多注意到把青年人培养成能够适应多种多样的职务，不断地发展他的能力，使他跟得上不断改进的生产方式和工作条件，而较少注意到训练专门从事某一项手艺或某一种专业实践。这种教育应该帮助青年人在谋求职业时有适度的流动性，便于他从一个职业转换到另一职业或从一个职业的一部分转换到另一部分。"[①]

（一）典型的"职业教育"概念的表述

关于职业教育的相关概念，有代表性的表述有以下几种：

1.《辞海》（中国，1999）

职业教育是给予学生或在职人员从事某种生产、工作所需的知识、技能和态度的教育。

2.《国际教育辞典》

职业教育是指在学校内或学校外为提高职业熟练程度而进行的全部活动，它包括学徒培训、校内指导、课程培训、现场培训和全员再培训，当今则包括职业定向、特殊技能培训和就业安置等内容。

3.《产业教育振兴法》（韩国，1990年）

产业教育是指技术高级中学、职业高中、专业大学、实业系统的大学或经教育部长官认可，并设有实业系统的学科及课程的普通高级中学或普

---

① 联合国教科文组织国际教育委员会.学会生存[M].北京：教育科学出版社，1996.

通大学，为使学生能够从事农业、工业、商业及其他产业而进行的知识技术及态度的教育（包括家庭）。

4. 世界银行（1993）

职业教育（vocational education）是指在学校中为技术工人作准备的教育，部分课程是专门职业理论和实践；技术教育（technical education）是指为技术人员作准备的教育，大多在中学后进行。这些机构大多被称为理工或工业学院。世界银行把职业教育分成九类：传统的学徒训练、常规的学徒训练、企业培训、部分培训机构、与项目相关的培训、中等职业学校、综合性学校、多样化中等学校、职业学校。

5. 联合国教科文组织（2001）

技术与职业教育是作为一个综合术语来使用的，它所指的教育过程除涉及普通教育之外，还涉及学习与经济和社会生活的各部门的职业有关的技术及各门科学及获得相关的实际技能态度、理解能力和知识。技术与职业教育还可以理解为：

（1）普通教育的一个组成部分；

（2）准备进入某一就业领域以及有效加入职业界的一种手段；

（3）终身学习的一个方面以及成为负责任的公民的一种准备；

（4）有利于环境的可持续发展的一种手段；

（5）促进消除贫困的一种方法。

6.《国际教育标准分类》（ISCED2011）

职业或技术教育主要为引导学生进入劳务市场和准备让他们学习职业或技术教育课程而设计的教育。学完这些课程尚不能达到劳务市场所需要的职业或技术水平。职业前和技术前教育课程的内容至少应有25%与职业或技术有关。为确保职业科目或技术科目不只是许多课中的一门，这一最低要求是必要的。完成这类课程之后，则可以获得所在国的主管当局，如教育部、雇主协会等认可的在劳务市场上从业的资格。

7.《中华人民共和国职业教育法》（2022）

职业教育是指为了培养高素质技术技能人才，使受教育者具备从事某种职业或者实现职业发展所需要的职业道德、科学文化与专业知识、技术技能等职业综合素质和行动能力而实施的教育，包括职业学校教育和职业培训。

8.《中国大百科全书（教育）》

职业教育是给予学生从事某种职业或生产劳动所需要的知识和技能的教育。

（二）职业教育的内涵

迄今为止，国内外学者对"职业教育"的称谓都没有统一的认识，数十本职业教育著作、各种"辞典"对"职业教育"下的定义都不完全相同。联合国教科文组织、国际劳工组织、世界银行、亚洲开发银行等国际机构普遍地采用一个广义的词语，即技术和职业教育与培训（Technical and Vocational Education and Training，TVET），相当于我国《中华人民共和国职业教育法》中规定的广义的"职业教育"，也就是现代意义上的"大职业教育"。对职业教育内涵的理解，应把握以下四点：

第一，职业教育与各种职业紧密联系，是一种传授某种职业或生产劳动所必需的知识和技能的教育。

第二，职业教育主要以职业知识、职业技能和职业态度为教育内容，强调实践技能培训。

第三，职业教育包括职业学校教育和企业在职培训，要求职业教育者不断学习和接受职业培训。

第四，职业教育的内涵随职业教育的发展过程而发生变化，因此，关于职业教育的表述是动态的、变革的、多样化的。

从职业教育的实践角度来看，可以从广义和狭义两个方面来理解。从广义上说，它泛指增进人们的职业知识和技能、培养人们的职业态度，使人们能顺利从事某种职业的教育活动；从狭义上说，它就是指学校职业教育，即通过学校对学生进行的一种有目的、有计划、有组织的教育活动，能使学生获得一定的职业知识、技能和态度，以便为学生将来从事某种职业做准备。职业教育的实践不断促进职业教育领域的扩展。我国的职业教育包括职业学校教育和职业培训。从纵向看，职业教育包括初、中、高三个层次，其中初等职业教育包括职业初中、初中后的 3+1 等，中等职业教育包括中专、技校、职业高中及成人中专，高等职业教育包括职业大学、职业技术学院、高等技术专科学校、成人高校、高级技工学校以及普通高等学校中设置的二级学院。从横向看，职业教育包括农业职业教育、工业职业教育、商业职业教育、金融财贸职业教育、政法职业教育、服务职业教育以及卫生艺术体育等方面的职业教育。职业培训包括就业培训、转业培训、提高培训等。

随着经济社会发展水平的提升以及智能化时代的来临，我国的职业教育发展达到了一个全新的历史高度，职业教育发展不仅意味着学制层次上移、规模扩充、办学条件改善，同时也意味着职业教育内涵的深刻变化。智能化技术促进了职业的边界消融，复合型技术技能人才培养成为普遍需求，这就需要进一步扩大职业教育的学习选择空间，且这种扩大需要打破传统的专业与学制界线。如此重大的变革需要有相应的人才培养模式作支撑。智能化技术通过物联网的应用使制造业与服务业融为一体，使职业打破了工业与服务业的界线。所有这些变化的结果可归结为一个，即技术技能人才呈现出复合化趋势。因此，如何培养复合型技术技能人才成为智能化时代职业教育人才培养模式要回答的命题。

二、职业教育的基本特征

2019 年的《国家职业教育改革实施方案》在国家政策层面把职业教育确定为一种教育类型。随着职业教育内涵的深刻变革，职业教育的基本特征也发生了深刻变化。作为一种教育类型，职业教育具有区别于一般专业教育的基本特征。

第一，职业教育的培养目标定位是培养高素质劳动者和技术技能人才。早期出现的高等职业教育的人才培养目标定位有高等技术应用性专门人才，高技能人才，高素质高技能专门人才，高端技能型人才和发展型、复合型、新型的技术技能人才等。职业教育人才目标定位的基本特点：一是复合型。职业教育的目标定位是复合型技术技能人才，高等职业教育的目标定位尤其指向复合型人才培养；二是动态性。职业教育目标定位是随时代需求动态调整的；三是层次性。职业教育具有完整的层次结构，其层次性不仅体现在学历、学位的区别，其根本区别在于各层次职业教育培养人才所具备职业能力的内涵及程度高低不同。这里的职业能力不仅是指操作技能或动手能力，而且是指综合的、称职的就业能力，包括知识、技能、经验、态度等为完成职业任务所需的全部内容。在职业能力的内涵中，应注重合作能力、公关能力、解决矛盾的能力、心理承受能力和竞争能力等非技术的职业素质。

第二，职业教育兼具职业属性和教育属性的跨界性质。这种跨界性质使职业教育成为教育系统的重要类型之一。职业教育正在突破传统的学校职业教育模式，实现学校、企业及其他社会主体的多元办学形式，并且正努力实现职业教育与培训并举。职业教育具有教育需求与产业需求结合、学校育人与企业育人协同、个体个性化发展与职业化发展统一的"跨界性"特征。"跨界性"特征决定了职业教育需要将体现其内在规律和特征的结构、规则、程序、规范、机制等的制度安排，体现人的个性化、社会化程度的学历证书，体现产业、企业与职业岗位综合职业能力水平的职业技能等级证书相互衔接和融通。职业教育的属性特征包括教育性、人文性、职业性、实践性、终身性等，职业教育和培训是一种终身性的教育，仅靠职业院校无法培养社会所需的人才，学校应该积极与行业企业合作，实行"校企合作、产教融合"等"校企联姻"的"跨界教育"，通过教育与培训，校企合作共同为社会培养人才，提高人力资源水平。职业教育具有明显的跨界、跨行、跨域特征，教育活动特点往往归纳为一对矛盾要素的对立统一，如"产—教""校—企""工—学""理—实"等。职业教育是使人与职业相结合的教育过程，以面向市场、服务发展、促进就业为导向，以产教融合、校企合作、能力本位、德技并修、工学结合、双元育人、育训并重、面向人人为主要特征。产教融合是高职院校实现人才培养目标与社会人才需求统一的有效途径。深化产教融合、校企合作，有利于整合学校企业资源、实现校企双赢，有利于培养复合型技术技能人才，有利于高层次技术技能人才向多元化发展。

第三，自成体系也是职业教育的基本特征之一。职业教育是需要多个学制层次连续培养才能达成目标的教育。职业教育有完整的，内部衔接、外部对接的体系结构，即初等教育阶段的职业启蒙教育、中等职业教育、高等职业教育及正在试行的更高层次职业教育。职业教育从办学类型结构来看包括政府办学、企业办学和社会办学。从办学形式结构来看包括全日制教育与非全日制教育、学历教育与职业培训。职业教育是一个连续进行培养的体系。体系化是21世纪以来职业教育发展的一个重要趋势，是我国对国际职业教育发展的重大贡献，也是最终使职业教育能够被确立为一种教育类型的重要前提。

第四，职业教育具有社会性。党的二十大报告提出，要"统筹职业教育、高等教育、继续教育协同创新，推进职普融通、产教融合、科教融汇，优化职业教育类型定位"[①]。2021年，习近平对职业教育工作作出重要指示，"在全面建设社会主义现代化国家新征程中，职业教育前途广阔、大有可为"[②]。这为加快构建现代职业教育体系指明了前进方向。职业教育是国民教育体系和人力资源开发的重要组成部分。进入新时代，以习近平同

---

① 共产党员网.习近平代表第十九届中央委员会向党的二十大作报告[EB/OL].（2022-10-16）.https：//www.12371.cn/2022/10/16/ARTI1665901576200482.shtml.
② 央广网.【央视快评】职业教育前途广阔 大有可为[EB/OL].（2021-4-14）.https：//news.cnr.cn/native/gd/20210414/t20210414_525461152.shtml.

志为核心的党中央把加快发展现代职业教育摆在更加突出的位置，强化顶层设计，加大支持力度，推动产教融合，逐步形成了具有中国特色、世界水平的现代职业教育体系。职业教育与经济社会发展联系最紧密、最直接。"十四五"发展任务更重、挑战更多。做大做强做优实体经济，促进就业创业创新，解决发展主要矛盾、创造高品质生活，都需要大量技能型人才，离不开大力弘扬工匠精神，职业教育前途广阔、大有可为。与此同时，职业教育发展过程中，教育课程与经济发展有些脱离的问题仍然存在，人才培养与实际使用相对脱节的情况没有根除，必须依靠深化改革消除体制机制弊端，奋力推进职业教育现代化。因此，未来几年内，职业院校要坚持党的领导，坚持正确办学方向，坚持立德树人，优化职业教育类型定位，深化产教融合、校企合作，深入推进育人方式、办学模式、管理体制、保障机制改革，建设高水平专业群，增强职业教育适应性，推动普职融通，建立健全职业学校教育和职业培训并重，加快构建服务全民终身学习的现代职业教育体系。

第二节　高等职业教育的内涵及特征

什么是高等职业教育？高等职业教育不是一个层次，而是一种与普通高等教育并行的、具有同等重要地位的高等教育类型。高等职业教育承担着为经济社会的发展输送高级技能型人才和应用型人才的重要任务，在我国的高等教育发展中发挥着举足轻重的作用，高等职业院校是高等教育学校的重要类型，也是职业教育的重要组成部分，不仅担负着培养面向生产、建设、服务、管理第一线需要的高素质复合型技术技能人才的使命，而且是知识创新、技术创新以及开发人才资源的重要基地，是实现技术转移和成果转化的重要生力军。

一、我国高等职业教育发展历程概述

研究我国高等职业教育人才培养模式，必然要先了解我国高等职业教育发展历程。我国高等职业教育的历史始于清朝。鸦片战争后，为了抵御西方列强的侵略，以李鸿章、左宗棠、张之洞等清政府官员为代表的洋务派，在19世纪60年代掀起了以建立军事工业为中心的洋务运动。为了学习西方的科学技术求强求富，他们兴办实业教育，并创设了一批实业学堂。实业学堂是我国高等职业教育的开端，又是我国高等专科学校的鼻祖。1866年，中国近代第一所职业学校——福建船政学堂诞生。1949年10月中华人民共和国成立以后，职业学校被加以改造整顿并有所发展，但回避职业教育的名称，始称技术教育。由于苏联学制无专科学校，1953年以后我国逐步取消了专科中的工科学校，只保留了少数师专和医专，而且归入普通高等教育系统管理。专业教育代替了职业教育和技术教育，职业教育一直停留在中等水平。高等职业教育在我国没有受到重视。20世纪50年代前期，我国形成的职业教育系统实际以两类中等职业技术学校为主：一是培养中级专业干部的中等专业学校；二是培养初中级人才的中等技术学校，即技工学校。因此，我国高等职业教育发展历程大致可以分为四个阶段。

（一）第一阶段：初步发展阶段（20世纪80年代初期至1994年）

由于高等职业教育在我国没有受到重视，我国的高等职业教育在相当长的时间内是处于缓慢发展状态的，直到改革开放的20世纪80年代。1978年12月，党的十一届三中全会顺利召开以后，我国实现了以经济建设为中心的战略转移，经济呈高速发展态势，在东南沿海及一些经济较发达地区率先出现了一批由中心城市举办的新型地方性大学——职业大学，这就是我国最早的高职学校。随着改革开放的进一步推进以及经济的快速发展，社会对技术技能型人才的需求日益增加。但传统的高等专科教育却无法完全满足该需要。一方面，培养的人才数量低于实际的需求数量；另一方面，人才培养模式存在"重理论轻实践"的问题。[1]而由于"文化大革命"对我国教育事业的破坏，人才断层现象亦十分严重。在此背景下，经原国家教委批准，建立了我国首批 13 所职业大学，例如金陵职业大学、合肥联合大学、无锡职业大学、江汉大学等，标志着我国高等职业院校的正式诞生。这些职业大学根据地方发展需要设置专业，学制不统一，一般为三年制专科。1982 年，针对我国经济发展速度加快、技术技能人才缺乏的矛盾日趋突出的状况，第五届全国人大五次会议明确提出，要试办一批花钱省，见效快，可收学费，学生尽可能走读，毕业生择优录用的专科学校和职业大学。根据这一精神，原国家教委在 1983 年又批准成立了 33 所职业大学。到 1984 年，全国共兴办 82 所短期职业大学，共开设 200 多个专业，遍及各主要行业，在校生规模达 46 956 人。[2]1985 年，在《中共中央关于教育体制改革的决定》中明确提出："要积极发展高等职业技术院校，逐步建立起一个从初级到高级，行业配套结构合理，又能与普通教育相互沟通的职业技术教育体系。"这个文件为高等职业教育的发展提供了政策上的保证。1986 年，全国职业技术教育工作会议第一次从官方的角度提出"高等职业教育"一词，规定高等职业学校、部分广播电视大学、高等专科学校等都应该属于职业性的高等教育。1987 年颁布的《关于改革和发展成人教育的决定》要求，"职工大学、职工业余大学、管理干部学院要结合需要举办高等职业教育"。1991 年，《国务院关于大力发展职业技术教育的决定》从顶层设计的角度提出，"初步建立起有中国特色的，从初级到高级、行业配套、结构合理、形式多样，又能与其他教育相互沟通、协调发展的职业技术教育体系的基本框架"。1994 年，国务院下发的《关于〈中国教育改革和发展纲要〉的实施意见》，进一步明确了高等专科学校、职业大学、成人高校、重点中专举办高等职业教育的主体地位。至此，我国高等

---

[1] 高元春，吕桂复，胡学林. 立足专科培养目标加强实践技能训练[J]. 现代教育管理，1990（3）：52-53.

[2] 王继平. 中国教育改革大系——职业教育卷[M]. 武汉：湖北教育出版社，2016.

职业教育体系自成体系并逐步完善发展。[①]

(二)第二阶段:大规模发展阶段(1994年至2004年)

解决我国高等教育结构失衡问题,必须优化高等职业教育的资源配置。1994年召开的全国第二次教育工作会议提出,通过"三改一补"的基本方针,大力发展高等职业教育。"三改一补",是高职教育的四条办学途径:一是改革高专,特别是将高专办成规范化的高职;二是改革职业大学,扩大职业大学办学规模,提倡联合办学;三是改革成人高校,将有条件的成人高校办出高职特色;四是发挥少数重点中专的优势,办高职班作为高职教育的补充。1996年,由高职协调小组(原国家教育委员会组织成立)起草的《高等职业教育发展几个问题的汇报》提出:"主要是通过对已有的职业大学、部分高等专科学校和独立设置的成人高校改革、调整专业方向及培养目标来促进高等职业教育的发展,仍不能满足社会对高职人才需要时,应适当利用少数具备条件的国家重点中等专业学校办高等职业教育。"在1994—1996年的三年时间里,全国共18所重点中专学校被批准举办五年制高等职业教育班。《中华人民共和国职业教育法》(以下简称《职业教育法》)和《中华人民共和国高等教育法》(以下简称《高等教育法》)分别于1996年9月和1999年1月正式实施,确立了高等职业教育的法律地位。《职业教育法》第十二条明确规定,国家实施以初中后为重点的不同阶段的教育分流。1996年召开的第三次全国职业教育工作会议是高等职业教育发展的转折点。这一时期高等职业教育政策主要围绕两个方面展开:一是贯彻《职业教育法》,明确高职教育的任务;二是大力发展高等职业教育,将其作为实现高等教育大众化的主要力量……1998年12月,《面向21世纪教育振兴行动计划》颁布,明确提出通过以"三改一补"的方式来发展高职,确立了高等职业教育的地位。1998年,教育部高度重视高等

[①] 平和光,程宇,李孝更.40年来我国高等职业教育发展回顾与展望[J].职业技术教育,2018(15):6-17.

职业教育的发展，在"三改一补"基本方针的基础上提出了"三多一改"的方针，即办学形式多样化、人才培养模式多样化、高等职业教育办学主体多样化，通过改革来提高人才培养质量。"三多一改"的方针进一步深化了高等职业教育教学改革力度，促进了高职院校办学规模扩大和办学形式的丰富。根据《试行按新的管理模式和运行机制举办高等职业技术教育的实施意见》的规定，高职教育可由下列符合《高等教育法》和《职业教育法》的规定，并达到相应的国家规定标准的高等教育机构承担：短期职业大学、职业技术学院、具有高等学历教育资格的民办高校、普通高等专科学校、本科院校内设立的高等职业教育机构（二级学院）、经教育部批准的极少数国家级重点中等专业学校、办学条件达到国家规定合格标准的成人高校。至此，职业大学、职业技术学院、高等专科学校、普通本科院校二级职业技术学院、部分重点中专、成人高等学校"六路大军办高职"的局面基本形成。尽管"六路大军办高职"使得高职教育办学形式不一，但都力求体现出高职教育的基本特色。20 世纪末，高等职业教育在政策驱动下，逐步占据职业教育的中心位置。高职高专院校由 1999 年的 592 所增加到 2004 年的 1047 所，招生人数达到 237 万，首次超过本科院校招生人数，高等职业教育获得较大程度的发展，职业教育层次结构趋于合理。[①]
2004 年，我国基本形成了每个市（地）至少设置一所高职学校的格局，高职学校成为与地方经济社会发展和人民群众利益联系最直接、最密切的高等教育办学机构，高等职业教育占据我国高等教育的"半壁江山"。为了使高职教育提高质量，办出特色，2002—2004 年，教育部相继出台《国务院关于大力推进职业教育改革与发展的决定》《2003—2007 年教育振兴行动计划》《教育部等七部门关于进一步加强职业教育工作的若干意见》等配套政策，进一步巩固了已有的高职教育资源。2005 年 11 月，温家宝总理在全国职业教育工作会议上以"大力发展中国特色的职业教育"为题，

[①] 张明广，刘建同. 建党百年：中国职业教育的建构、重构与再构[J]. 职业技术教育，2021（21）：5-12.

提出"职业教育应该是面向人人的教育,使更多的人能够找到适合于自己学习和发展的空间,从而使教育事业关注人人成为可能"①。其中把"帮助人人成才"作为职业教育的重要承诺,体现了尊重人的个性,发展人的个性的崇高境界。从此,中国的职业教育进入稳定、可持续发展阶段。

(三)第三阶段:内涵式发展阶段(2005年至2013年)

从2006年开始,我国高等职业教育开始从规模扩张发展转向提高质量为中心的内涵式发展。2006年,《教育部关于全面提高高等职业教育教学质量的若干意见》提出,要认真贯彻国务院关于提高高等职业教育质量的要求,适当控制高等职业教育招生增长幅度,相对稳定招生规模,切实把工作重点放在提高质量上来。该意见从八个方面对高等职业教育可持续发展做了详细的规定,并从顶层设计的角度明确高等职业教育今后必须坚持内涵发展的方式,可谓是高等职业教育内涵式发展的纲领性文件。为示范引领高等职业教育的发展,带动高等职业院校整体办学质量的提升,根据《国务院关于大力发展职业教育的决定》精神,教育部、财政部联合印发《关于实施国家示范性高等职业院校建设计划 加快发展职业教育改革与发展的意见》,启动实施了"国家示范性高等职业院校建设计划",遴选了100所示范性高等职业院校,大力提升这些学校培养高素质技能型人才的能力,促进它们在深化改革、创新体制和机制中起到示范作用,带动全国职业院校办出特色,提高水平。②2010年,在原有已建设的100所国家示范性高职院校基础上,教育部、财政部下发《关于进一步推进"国家示范性高等职业院校建设计划"实施工作的通知》,决定建设100所国家骨干高职院校。在2015年完成了国家骨干高职院校的验收工作之后,教育部

---

① 温家宝. 大力发展中国特色的职业教育——在全国职业教育工作会议上的讲话[N]. 光明日报,2005-11-14(1-2).
② 中华人民共和国中央人民政府网. 国务院关于大力发展职业教育的决定[EB/OL].(2005-11-09). https://www.gov.cn/zwgk/2005-11/09/content_94296.htm.

又印发《高等职业教育创新发展行动计划（2015—2018年）》，"三大计划"加快了高等职业教育的内涵式发展。在2004—2014年，中央财政逐步加大对高等职业教育的经费投入，主要聚焦在实训基地建设、师资队伍建设、专业服务能力建设、专业教学资源库建设等职业教育基础能力建设项目，同时，各地方政府对高等职业教育的投入也不断加大，改善了我国职业教育的教学条件，高职人才培养取得了显著效果。

（四）第四阶段：高质量发展阶段（2014年至今）

党的十八大在深刻分析国情的基础上，面对新的形势和挑战，提出了"加快发展现代职业教育"。2014年，国务院印发了《关于加快发展现代职业教育的决定》[①]，指出加快发展的核心是加快推进中国职业教育现代化步伐。该文件中明确提出要"努力建设中国特色职业教育体系""到2020年，形成适应发展需求、产教深度融合、中职高职衔接、职业教育与普通教育相互沟通，体现终身教育理念，具有中国特色、世界水平的现代职业教育体系"[②]。2019年，国务院印发《国家职业教育改革实施方案》，教育部、财政部印发《关于实施中国特色高水平高职学校和专业建设计划的意见》（以下简称"双高计划"）。这些职业教育政策文件的发布开启了我国高等职业教育高质量发展的时代序幕。2022年4月20日第十三届全国人民代表大会常务委员会第三十四次会议修订了《职业教育法》，新职业教育法于2022年5月1日正式实施，明确职业教育是与普通教育具有同等重要地位的教育类型，明确国家鼓励发展多种层次和形式的职业教育，着力提升职业教育认可度，建立健全职业教育体系，深化产教融合、校企合作，完善职业教育保障制度和措施等内容。从国家教育制度层面将职业教育确

---

① 中华人民共和国中央人民政府网.关于加快发展现代职业教育的决定[EB/OL].(2014-06-22).https://www.gov.cn/zhengce/content/2014-06/22/content_8901.htm.

② 鲁昕.我国职业教育改革发展进入黄金时期[J/OL].(2015-10-26).http://edu.people.com.cn/n/2015/1026/c1006-27739768.html.

立为与普通教育同等重要的独立教育类型，2021 年高等职业教育招生556.72 万人，占普通高等教育本专科招生总数的 55.60%、占中高职招生总数的 45.90%；高等职业教育在校生 1603.03 万人，占本专科在校生总数的45.85%、占中高职在校生总数的 48.42%。[①]在高质量发展阶段，高等职业教育继续全方位聚焦质量提升、优化人才培养，同时，创新和拓展新功能和新道路。该阶段，国家出台了"一带一路""大众创业，万众创新""互联网+""中国制造 2025"等多项重大战略，这些战略对人才支撑和智力支持提出了新要求，因此科学谋划职业教育服务国家战略，既是中国职业教育的历史担当，更是中国职业教育的应有行动。高等职业教育的高质量发展，不仅完善了职业教育体系，而且改善了高等教育结构，丰富了高等教育供给。

二、高等职业教育内涵的演变

随着我国《职业教育法》和《高等教育法》的正式实施，高等职业教育的法律地位确立了。那么，高等职业教育在 TVET 这一广义"职业教育"（或称现代"大职业教育"）所涵盖的培养目标体系中，具体承担什么样的人才培养任务呢？

从国际比较看，发达国家和地区培养技能型人才的狭义"职业教育"一般主要是由中等职业学校承担的，高等职业院校则大多是培养技术型人才的"技术教育"。

从各种辞典的定义来看，顾明远主编的《教育大辞典（第一卷）》中的有关条目解释："高等职业技术教育（tertiary vocational and technical education）属于第三级教育层次的职业教育和技术教育。包括就业前的职业技术教育和从业后的有关继续教育。如美国技术学院和社区学院的部分

---

① 林宇. 21 世纪以来高等职业教育发展的回顾与思考[J]. 中国职业技术教育，2022（15）：5-12.

教学计划，日本高等专门学校、短期大学部分教学计划及专修学校的专门课程，法国的大学技术学院、高级技术员班，中国早期的高等实业学堂、专门学校、专科学校等，以及各国成人高等学校部分教学计划等所提供的教育。"①

从我国的历史上看，我国教育界对高等职业教育内涵的认识主要经历了以下两个阶段：

在高等职业教育的大规模发展阶段，北京联合大学为贯彻 1994 年北京市教育工作会议"要把北京联合大学建设成为北京高等职业教育中心"的决议精神，组织了高等职业教育课题组和访问团对国内外情况进行了广泛考察和专题研究。在 1995 年北京联合大学高等职业教育研究总课题组发表的《高等职业教育研究报告》中提出，高等职业教育是以某一社会职业岗位或某类技术岗位群所需要的理论知识和技术技能为依据，培养在生产或工作一线从事生产技术和经营管理的技术型管理型人才以及高技术设备关键岗位的操作、检测、调试和维护的智力技能型人才。该研究报告还指出，高等职业教育培养的人才具有复合型特征，这种复合型人才不仅是掌握相关专业知识，如机械与电子、机电与液压传动、会计与大数据、国际贸易与外语的复合型人才，而且有的还是兼具技术型和技能型两者知识和能力结构的复合人才，以适应社会职业或技术岗位技术水平提高和知识能力结构多样化的需要。1996 年，全国职教工作会议把高等职业教育的定义概括为面向基层、面向生产和服务第一线，特别是面向农村和边远地区，培养适用人才。1998 年 12 月，教育部发布的《面向 21 世纪教育振兴行动计划》明确提到高等职业教育必须面向地区经济建设和社会发展，适应就业市场的实际需要，培养生产、服务、管理第一线需要的实用人才，真正办出特色。同年，《中共中央 国务院关于深化教育改革，全面推进素质教育的决定》提出必须大力发展高等职业教育，培养具备必要理论知识和较

---

① 顾明远. 教育大辞典（第一卷）[M]. 上海：上海教育出版社，1991.

强实践能力，能满足生产、建设、管理和服务第一线及农村急需的专门人才。在这一阶段，我国教育界对高等职业教育的内涵尚未形成共识，关于高职的培养目标有几种较常见的表述，即应用型人才、复合型人才、适用人才及技术型人才。

1998 年后我国教育界对高等职业教育内涵的表述发生了一些变化。《面向二十一世纪深化职业教育教学改革的原则意见》明确提出，职业教育要培养同 21 世纪我国社会主义现代化建设要求相适应的、具备综合职业能力和全面素质的、直接在生产服务技术和管理第一线工作的应用型人才。而 1999 年年初教育部高等教育司原司长在国际高等职业教育研讨会开幕式上的讲话中提出，以培养面向生产、管理、服务工作第一线的技术应用型人才为办学宗旨，毕业生有较好的职业道德和较强的职业工作能力，他还强调高职教育应以培养技术应用型和技能型人才为宗旨，这将是我国高等教育建设、改革和发展的重点之一。到 2000 年，我国正式将高职高专教育统一确定为培养"高等技术应用性专门人才"，培养目标越来越清晰地定位于实施"技术教育"培养技能型人才，这与国际高职教育发展的普遍趋势是相一致的。2003 年年底，党中央召开的全国人才工作会议上，提出了高技能人才的概念，把培养技能人才特别是高技能人才纳入全党人才工作的范畴，把培养技能人才作为实施人才强国的重要内容。2004 年 2 月，教育部颁布《2003—2007 教育振兴行动计划》，提出大力发展职业教育，大量培养高素质的技能型人才特别是高技能人才；以就业为导向，大力推动职业教育转变办学模式；大力发展多样化的成人教育和继续教育。[①]原教育部部长在 2004 年 6 月全国职业教育工作会议上首次对中等职业学校和高等职业院校提出了明确的人才培养目标，其中，高等职业学校的任务是培养数以千万计的高技能人才，他明确指出高职培养的人才就是应用型白

---

① 中华人民共和国中央人民政府网. 2003—2007 教育振兴行动计划[EB/OL].（2004-02-10）. http://old.moe.gov.cn/publicfiles/business/htmlfiles/moe/moe_177/200407/2488.html.

领、高级蓝领,或者叫"银领"人才,也即高技能专门人才。2006年,《教育部关于全面提高高等职业教育教学质量的若干意见》将高职教育培养的"高技能人才"明确定义为"高素质技能型专门人才",并要求"加强素质教育,强化职业道德,明确培养目标"。2019年4月"双高计划"提出"着力培养一批产业急需、技艺高超的高素质技术技能人才",同年6月,《教育部关于职业院校专业人才培养方案制订与实施工作的指导意见》明确要求职业院校规范人才培养全过程,加快培养复合型技术技能人才。

综上所述,我国教育界对高等职业教育人才培养目标认识的演变,从实用人才或专门人才到应用型人才,从技术应用型人才、技能型人才到高技能人才、高素质技能型专门人才,等等,反映了我国教育界对高等职业教育内涵本质认识的不断明确、不断深化的过程。同时,在高等职业教育人才培养目标表述上的不断调整,反映了经济社会发展对紧缺人才的迫切需求。随着社会经济及高等教育大众化的发展,高等职业教育的内涵概念也是动态发展的。科学技术的发展和现代社会的进步,使人们对高等职业教育内涵又有了新的认识。在全球化背景和终身学习思潮的影响下,世界各国出现了普教与职教结合、工具主义与人文主义融合,以培养学生综合素质为本位的高等职业教育发展趋势。

三、高等职业教育的主要特征

高等职业教育是一个内涵丰富而又颇具中国特色的概念,其主要特征兼有高等性、职业性和教育性。

(一)高等性

高等性就是高等教育属性。高等教育属性是在相当于高中文化程度的基础上进行的高等教育,即国际教育标准概念的第三级教育。高等职业教育的高等性,是相对于初等、中等职业教育而言的,是其培养目标的纵向定位。从《职业教育法》来看,职业教育是与普通教育具有同等重要地位的教育类型，2022年修订后的《职业教育法》明确指出高等职业学校教育由专科、本科及以上教育层次的高等职业学校和普通高等学校实施。根据高等职业学校设置制度规定，将符合条件的技师学院纳入高等职业学校序列。因此，高等职业教育在学历教育上包括专科、本科及以上层次的教育。从国际公认的教育标准来看，联合国教科文组织1997年3月推出的"新版国际教育标准分类"（ISCED2011）对教育横向上（即类型）分类的主要标准就是教学计划。在高等教育阶段（即第五层次教育）按照不同的课程计划分为5A和5B两类。

（二）职业性

职业性就是职业教育属性。所谓的职业性，就是要把职业对人的要求作为教育展开的逻辑起点，而职业能力是联系职业要求与教育内容的纽带，这是职业教育区别普通教育的根本所在。所谓职业教育属性，通常是指它的培养目标以技术型和技艺型为主，社会经济的运行和发展需要各个层次的人才。高等职业教育承担着为经济界输送以实用型高级技术技能人才为主的后备力量的任务。年轻人通过接受高等职业教育，获得将来从事生产第一线职业工作的基本能力，为他们将来的职业生涯作准备，所以这是高等职业教育区别于研究型高等教育的功能特征。高等职业教育职业性既可以是学历教育，也可以是非学历教育，而且在终身教育体制下，更多的是面向职业的高级培训。上海第二工业大学吕鑫祥教授在界定高等职业教育内涵时对此有过详细的论述，他认为："高职是培养技术型人才的教育，它包括学历教育与非学历教育两部分。高职的非学历教育是一个形式多样、内容广泛、幅度较大的领域，其主要方面是职业资格证书教育和技术等级培训。"[1]

---

[1] 吕鑫祥. 高等职业教育的基本特征[J]. 职业技术教育，2000（5）：11.

（三）教育性

教育性就是教育属性。所谓教育属性促进人的全面发展、实施"全人教育"，让人成为一个"真正的人"。高等职业教育要培养全面和谐发展的人，这是其教育性的体现。首先，职业技术教育不应仅仅由需求驱动，也应该由发展需求驱动，应该是人的整体教育的一个组成部分。高等职业教育不仅要教会受教育者基本的职业技能（learn to do，学会做事），还要教会他如何发展他的职业技能（learn to learn，学会学习）；不仅要使受教育者有能力从事某种职业，还要使他有能力融入社会（learn to life together，学会相处）。职业教育应使受教育者得以开发自己的潜能，以社会一员的身份为社会发展作出贡献，成为一个有理想、有道德、有文化、有纪律的劳动者，实现自己的人生价值（learn to be，学会做人）。其次，高等职业教育不等于专业技术教育，其所应当传授的知识不应只是专业技术既定的技术工具性知识内容，而是专业技术知识所衍生的社会与文化意涵，毕竟人生活在人群里，追求的是受历史与文化制约的人生意义。专业知识只提供人存在价值的社会基础，并不等于存在价值。把高等职业教育简单地视为培养高级实用技术人才的观念已经不能适应时代要求，也不符合教育的目的，当代中国社会需要的是更具人文素质和文化底蕴的技术人文主义者。因为教育的基本任务是发展"全人"，这是社会发展的选择。

万达等学者认为职业教育作为类型教育的基本特征，主要分为四个方面：一是以培养高素质劳动者和技术技能人才为职业教育人才培养目标定位，具有独特性、层次性、复合型、动态性等特点；二是以兼具教育和职业双重属性为性质特征的职业教育突破传统的学校为主体的职业教育办学模式，实现了学校、企业和其他社会主体的多元办学模式，职业教育的跨界性质决定了生源的多样性，也决定了高职院校要以人才培养方案的多样性服务多样化的需求、多元化的人才，为不同人格特质的人才提供受教育机会；三是以构建内部衔接、外部对接的现代职业教育体系为基本结构，四是以产教融合、校企合作为实施路径。①从技术知识的独立性、形成过程的复杂性和来源途径的多元性维度分析职业教育的类型属性,技术知识的独立性决定了职业教育的人才培养过程需要类型化,技术知识的广度拓宽、深度拓展以及技术中的经验含量拓展,这些使得技术知识结构更加复杂化、技术知识的来源更加多元。技术知识的学习途径包括学校学习、企业学习等。②职业教育类型属性决定了高职复合型人才培养模式的独特性,使其与本科院校的复合型人才培养模式区分开来。

第三节 复合型技术技能人才的内涵及特征

一、复合型技术技能人才的内涵界定

"人才"在第六版《辞海》中的解释为"亦作'人材',有才识学问的人;德才兼备的人";在《现代汉语词典》中解释为"德才兼备的人;有某种特长的人"③。人是自然人也是社会人,不同的社会发展阶段和发展任务决定了人才的社会特性,因此每一个时代都会有特定的人才价值标准。2010年出台的《国家中长期人才发展规划纲要(2010—2020年)》中明确了人才的定义,人才是指具有一定的专业知识或专门技能,进行创造性劳动并对社会作出贡献的人,是人力资源中能力和素质较高的劳动者。④显而易见,人才的具体内涵集中体现在两个方面,一是"才",二是"德"。这里的"才"是名词,主要指能力以及智慧;德,是指人的品德,较好的

---

① 万达. 试论职业教育作为类型教育的基本特征[J]. 中国职业技术教育,2019(28):11-15.
② 徐国庆. 确立职业教育的类型属性是现代职业教育体系建设的根本需要[J]. 华东师范大学学报(教育科学版),2020(1):1-10.
③ 中国社会科学院语言研究所词典编辑室. 现代汉语辞典[M]. 北京:商务印书馆,2016.
④ 中华人民共和国中央人民政府网. 国家中长期人才发展规划纲要(2010—2020年)[EB/OL].(2010-06-06). http://www.gov.cn/jrzg/2010-06/06/content_1621777.htm.

品质、品行。"才"与"德"两方面兼备的人，才能称之为人才。人才的内涵相当丰富，总的来说主要具有广泛性的特点，是多类型、多层次、多规格的，意即"有用即人才"。社会人才大致可分为：学术型人才、工程型人才、技术型人才和技能型人才。学术型人才从事发现和研究客观规律的工作；工程型人才从事为社会谋取直接利益有关事业的设计、决策、规划等工作；技术型人才和技能型人才是在生产一线或工作现场从事为社会谋取直接利益的工作，他们的努力能使工程型人才的设计、决策、规划等变换成物质形态（产品、工程）或者对社会产生具体作用。技术型人才同技能型人才的区别在于前者主要应用智力技能来完成任务；而后者主要依赖操作技能来进行工作。

"复合"在《现代汉语词典》中的解释为"合在一起；结合起来"[1]，即将两个不同的事物因某种因素而组合起来的"联合"。复合是指两个不同质的因素相合成，或通过不同事物的结合而产生的复合，复合而成的事物发生了质的变化，不同事物复合在一起，往往会产生化学聚合作用，形成具有不同意义的新的复合体。本书的研究对象"复合型人才"中的"复合"是复合型技术技能人才的根本特质。人才的复合性是强调人才素质构成上的多元化，是对技术技能的淬炼与融通，是在"复合"引领下实现技术与技能或多种技术间的融会贯通，从根本上实现人才能力结构的革新和重生。"复合"的核心要义之一是技术技能的"复合"，即技术技能之间彼此交叉、融合、渗透。当今社会上产生了不少智能结构呈复合特征的职业岗位，这种"复合"有两种类型：技术间的复合，如机械与电气的复合——矿井机电合一岗位；技术与技能间的复合，如加工中心编程、操作、维修岗位。在这类岗位中，专业技术知识与操作技能已成为不可分割的整体，因而形成了独立的职业岗位。

在职业结构朝扁平化、网络化、融合化方向发展的背景下，人才类型

---

[1] 中国社会科学院语言研究所词典编辑室. 现代汉语辞典[M]. 北京：商务印书馆，2016.

之间已出现了很大程度的交叉。职业教育不仅要培养技能型人才,还要培养技术型人才。技术型人才与技能型人才的工作性质有很大区别,其培养规律也有很大区别。技术与技能是两个不同的概念,但是两者存在紧密的联系,技术可物化为"人的存在方式",技能是对技术的开显。[1]技术是一种知识类型,具体指生产某一种产品或者服务的系统性科学知识。技能是一种能力类型,是从事某一特定职业所需要的能力,是解决实际生产中的常规性问题以达到适应岗位生产基本要求的能力。技术是对技能的更新与精进,是应对并解决岗位复杂问题的关键能力与核心素养。技术形成建立在技能掌握的基础之上,技能的熟练操作支撑技术的灵活运用。可以说,技术技能型人才不一定是复合型人才,但是复合型技术技能人才一定具有技术技能型人才特质。技能型、技术技能型、复合型技术技能三种人才类型是职业教育发展过程中不同时期职业院校人才培养的现实产物。新的人才培养类型必定是以前一种人才培养类型为基础,并呈现螺旋上升式的演进态势。

近年来,国内专家和学者们从不同角度、不同行业或不同背景对复合型技术技能人才进行界定和研究。关于复合型技术技能人才的界定探讨如下:

(1)关怀庆从人才供给的角度将复合型技术技能人才界定为基础知识宽厚,能够胜任两个以上职业岗位职责,具有可持续发展能力的技术技能人才。也就是说,复合型人才是集宽厚扎实的理论基础、专业深入的技术技能和岗位迁移能力于一身的,具有较强适应性的,可持续发展的技术技能人才。

(2)倪志梅认为复合型人才是具有两个(或两个以上)专业(或学科)的基本知识和基本能力的人才,又称为综合型人才和全面型人才。"复合"二字具有广泛而丰富的内涵,复杂但不混乱,合而不分,分而必合,能够

---

[1] 姜大源. 职业教育发展趋势纵论[J]. 岳阳职业技术学院学报,2013(2):1-3.

自如地运用知识解决实际问题。

（3）王昆从自贸区建设对人才的需求角度分析，认为复合型技术技能人才是指既懂经济又懂管理、既懂技术又懂国际规则的技术技能人才。

（4）李宇红从"双高建设"背景下进行分析，认为复合型人才是指多元化、多功能人才，能够胜任多个专业领域的岗位职责。复合型人才包含知识、技术、能力、思维等多角度的复合。

（5）赵劲松认为复合型人才是指通过跨学科或跨专业的背景培养出的基础扎实、知识面宽、富有跨学科意识和创新精神的人才。

（6）方东认为复合型人才应当是指具备完整而系统的跨学科或专业知识与能力，并能实现知识的融会贯通，可适应和胜任多个工作领域的人才。

（7）李国胜、龚荣伟认为复合型人才就是多功能人才，其特点是多才多艺，能够适应多种职业定位和技术角色的转换，在行业内具有全方位、立体化的技能。

（8）孟庆研认为复合型人才就是基础扎实、知识面宽、知识运用能力强、有科学创新精神、通晓国际惯例、具有脚踏实地的工作作风和良好的语言文化交流能力的人，即"一专多能"的人。

（9）孙进认为复合型人才是指通过实施一种教育或培养模式培养出的具有宽基础、厚理论、广知识面，掌握多门学科理论或专业知识技能，具有跨专业、跨领域开展合作、创新的能力的人才。

综上所述，对于复合型技术技能人才，我们可以这样理解其概念：复合型技术技能人才是接受过系统性的一种教育，通过某种培养模式培养出的具有两种或两种以上相关专业的基础知识和职业能力，具有良好的职业道德和职业素质，具备创新精神和工匠精神，能从事两个以上工种（或职业岗位）且能够跨专业、跨领域开展合作和技术创新的人才，主要由应用型本科高校、职业院校与行业企业共同通过产教融合、1+X证书制度、现代学徒制等人才培养模式培养。我们不能把复合型技术技能人才简单地理解为"一专多能"的技术技能人才，也不能将复合型人才称为"T型"人才，即渊博之才（知识基础较宽和能力较强的专门性人才）。我们必须准确把握对复合型技术技能人才概念与内涵的认识，应从解决问题的角度构架崭新的知识结构、能力结构、素质结构。任何关于复合型人才内涵的认识偏差都必然对复合型技术技能人才培养目标、培养规格和培养模式产生误导。

复合型技术技能人才除了具备一般人才的共同特点之外，也有自身的特点，具体表现为知能性、多元性、迁移性、适应性和融通性。

第一，知能性。知能是人的认识能力和运用知识的实践能力的总和，是人才进行创新活动所必备的条件。认识能力又称智力，包括观察力、记忆力、思维力、想象力等因素；实践能力包括自学能力、研究能力、表达能力、组织管理能力、操作能力、创新能力等。复合型人才的知能结构是人才整体中不同知能因素的配合比例及其相互关系，其知能结构主要包括正确的世界观，博深扎实的基础知识、专业知识以及相关学科知识，熟练的基本技能，较强的创新能力以及知识、技能和能力的高层次协调。这种知能结构以特定专业任务为依据，是由广博深厚的知识基础、协调发展的智力和能力以及个人素质有机结合的立体式、开放式的结构，是由知识结构、智力结构和素质结构组成的有机整体，它们之间相互联系、相互作用、相辅相成。就复合型人才的知识结构和能力结构而言，具有多重整合的特点，这种整合不是多种知识和能力机械地简单相加，而是知识之间和能力之间的有机结合、相互渗透，达到融会贯通的境界，形成各种知识、能力和素质的融合并发挥综合作用。这种整体性的知识、能力结构，既避免了专才的过窄，又避免了通才的过宽；既有较宽的基础和相关知识，又有较深的专业才能，因而更具创造性和适应性，这是一种优化的知能结构。

第二，多元性。复合型技术技能人才的多元性表现在技术技能构成、人才培养类型、思维方式三个方面。一是"一专多能"强调技术技能的多元化，技术技能型人才结合了技术与技能的特点，即通晓某种技术知识，掌握相关实践知识和多种职业技能，并能够灵活运用多种技术技能于建设、生产、管理、服务等一线领域。二是多元化，即培养能够满足两个以上职业岗位、不同行业发展需要，并带有一定职业面向的多元化的人才。复合型技术技能人才的多元化特点主要表现为职业面向不是单一的行业和某一个职业岗位，而是面向多个专业领域和多个职业岗位。2019 年我国启动 1+X 证书制度试点工作，鼓励职业院校学生在校取得学历证书的同时，考取多类职业技能等级证书，不同的职业技能等级证书对应不同的职业岗位。职业院校以此为依据开展分类培养，以满足学生发展的个性需求。三是复合型技术技能人才具有开放性、多向性、跨越性的思维方式，能打破墨守成规的思维模式，能用前所未有的新知觉去认识事物，提出新的创见，能够对某一问题，从不同的角度、不同的侧面去观察、思考、想象，寻找解决问题的多种方法、方案或者假说。开放性、多向性和跨越性是创新思维的主要因素和核心内容，是提高人的创造性思维的关键。

第三，迁移性。认识迁移的过程是一个连续的过程。任何认识活动都是在已具有的知识经验和认知结构的基础上进行的，简单地说，迁移就是一种学习对另一种学习的影响。另外，利用所学的技能、知识等解决问题的过程也是一种迁移的过程。解决问题就是运用已有的知识经验对面临的问题情境进行分析，以发现问题的起始状态和结果之间的联系的过程。问题解决过程的一个关键就是将已有的知识经验具体运用到当前问题情境中，这种问题的类化和已有知识经验的具体化的过程也就是迁移的过程。复合型技术技能人才具有良好的学习迁移性和岗位迁移能力，在认识活动中善于联想和迁移，善于抓住问题的关键点向周围搜寻和辐射开去，迅速认识和把握一事物与它事物的关系，能够举一反三、触类旁通，有利于发现问题和解决问题。

第四，适应性。复合型技术技能人才具备良好的社会适应性、岗位适应性和职业发展适应性。良好的社会适应性指一个人的外显行为和内在行为都能适应复杂的社会环境变化，能为他人所理解，为社会所接受，行为符合社会身份，与他人保持正常的人际关系。复合型技术技能人才的社会适应性主要表现为具备良好的个性、良好的处世能力和良好的人际关系。所谓良好的个性，即情绪稳定，性格温和，意志坚强，感情丰富，胸怀坦荡，豁达乐观；良好的处世能力，即观察问题客观现实，具有较好的自控能力，能适应复杂的社会环境；良好的人际关系，即助人为乐，与人为善，与他人关系良好。总之，较高的知能、对社会环境的适应以及愉快和谐的情绪是复合型技术技能人才具有社会适应性的体现。复合型技术技能人才在良好的处事能力方面具有较明显的优势，特别是在专业交叉的职业领域和综合岗位工作中，能够应对内部条件和外部复杂环境变化，持续提升与不断调适自我，满足个性化工作场景需求并能够不断发现问题、总结经验，提升适应能力。

第五，融通性。知识和技术技能的融通性是复合型技术技能人才的显著特征。"复合"是复合型人才的核心特征，既是多领域、多学科、多专业知识的整合，也是技术技能的"复合"，是技术与技能或多种技能之间彼此融合、交叉、渗透，是人才综合素质的交融，即专业知识、应用能力、创新品质等多种因素的交融，而不是相关专业的简单叠加。复合型技术技能人才具备使技术技能相互融通的"复合"能力，技术形成建立在技能掌握的基础之上，技能的熟练操作支撑技术的灵活运用。

随着社会经济发展对技术技能人才质量要求的不断提高，现代工匠精神不断融入高等职业教育之中，复合型技术技能人才的内涵更加丰富，特征更加鲜明，既具备脚踏实地、爱岗敬业、精益求精的职业素养，又富有独立自主、艰苦创业、守正创新的时代精神。与传统人才类型相比，复合型技术技能人才培养最显著的特征是目标面向的多元性，主要体现在技术技能构成与人才培养类型两个方面：一是"一专多能"强调人才技术技能的多元化，即具备灵活运用多种技术技能的能力；二是人才培养类型多元化，即培养能够满足不同行业发展需要，并带有一定职业面向的复合型技术技能人才。复合型技术技能人才除了掌握专门的技术技能外，更凸显的是具备系统扎实的专业知识结构和技术应用水平、更强的技术创新能力、高尚的人格品质、更强的自我管理能力和组织能力，以及能够胜任技术技能岗位转移的行业适应能力和发展潜力。

二、复合型技术技能人才的知识能力特征

高等职业教育是以服务发展为宗旨，以促进就业为导向的教育类型，兼顾职业和教育，既有促进经济发展和体面就业的功利性目标，又有促进个性发展、社会公平的人本性目标。根据联合国教科文组织 1997 年推出的《国际教育标准分类》（International Standard Classification of Education，简称为 ISCE），复合型技术技能人才是高等职业教育培养的高质量人才类型，其目标导向是成为我国生产制造、服务领域的杰出代表，并且在复合型人才培养过程中让学生的知、情、意、行得到充分锻炼，且德、智、体、美、劳全面发展，使学生成为基础扎实、知识面宽、能力强、素质高、具有创新精神的人才。由于复合型人才的知识结构和能力结构具有多重整合的特点，这种整合不是多种知识和能力机械的简单相加，而是知识之间和能力之间的有机结合、相互渗透，达到融会贯通的境界，形成各种知识、能力和素质的融合并发挥综合作用。这就决定了复合型技术技能人才具有以下特征：

（一）复合型技术技能人才的知识特征

1.知识的整合性

知识的整合性是复合型技术技能人才的重要知识特征。从哲学视角来看，知识也是构成人类智慧的最根本的元素，泛指人类在实践中探索和认识客观物质世界和精神世界的结果总和，包括人文社科知识和自然科学知识两大体系。复合型技术技能人才能够熟练掌握两种或两种以上的专业知识或技能，这种掌握是知识的"跨界整合"。复合型技术技能人才具有较宽广的基础理论知识和基本技能，掌握多领域、多学科、多专业相互交叉融合的知识，知识结构是紧密的，而不是松散的。

2.知识的相关性

复合型技术技能人才的知识结构必须是跨学科但又具有一定的相关度的。知识之间的相关性是知识能否相互融合的关键。知识相关性越大，其知识融合的程度也越大。知识的有机联系密切，有较高的相关度，更有利于发挥知识、能力的综合效果。因此，复合型技术技能人才一定是具有跨专业知识的人才。知识之间的相关性，不仅取决于两个学科、专业之间的兼容程度，也受到科技发展程度的影响。科技越发达，知识综合性越强，不同专业之间的相关性也越大。现代科学技术的更新催生了不断涌现的新兴产业，使原有的生产工序更为复杂，对员工应掌握的知识综合性、相关性和技能精湛度提出了更高要求。

3.知识的融合性

复合型技术技能人才具有融合的知识结构，且知识结构呈发散型、多维型、非线性型，知识的交融程度比较高。这种融合的知识结构不是零散知识的"拼接"或"叠加"，而是彼此之间具备一定的耦合度和内在联系，相互影响、融合渗透。知识的融合能激发创新，形成新的知识，并成为新的思维方法和综合能力的萌发点，产生的创新点能够适应新的产业发展需求。复合型技术技能人才在实际工作中能综合运用交叉融合的知识解决问题，因此，复合型技术技能人才的培养，必须通过系统性学习，将多领域、多专业的知识融会贯通，形成知识结构完整的专业体系。

（二）复合型技术技能人才的能力特征

1.能力的复合性

能力的复合性是复合型技术技能人才的显著特征之一。德国联邦职业教育研究所认为职业教育的最高目标就是传递职业行动能力，即"通过有序的教育过程，传授在不断变化的就业环境中从事合格的职业工作所必需的职业技巧、知识和能力——职业行动能力"①。在新工业革命背景下，工作世界变化所带来的革命性的改变导致制造产业对人才规格的需求发生了巨大变化，不仅要求个体具有更高的创造能力，而且要求个体掌握跨产业链的复合能力。"双高"职业院校培养复合型技术技能人才的最高目标是能力的复合，是知识、技术技能、素养的复合，最终体现为专业能力基础上多种职业行动能力的复合。

2.能力的适应性

复合型技术技能人才具有较强的学习能力，能够自我学习、自我成长与自我完善，能够熟练掌握行业技术和多种技能。复合型技术技能人才具备较强的岗位能力适应性，一方面是指对不同岗位的适应性，即能够从事有相同或相近技能要求的工作岗位。另一方面是指对职业发展的适应性，即该类型人才有明确的职业生涯发展规划，所掌握的技术技能既能满足当前岗位需要，也能适应未来职业发展过程中的岗位变化以及新工艺、新设备、新技术等趋势。1+X 证书制度中的"X"既是复合型技术技能人才的能力拓展，也是其显著特征。职业院校积极推进 1+X 证书制度试点，将"X"证书培训内容融入专业人才培养方案，对接专业与课程，打造"书证融通，课证融合"模块化课程体系，校企联合培养学生的岗位能力和综合职业能力，使高职学生具备从多维度、多角度、多方面快速分析并解决问题的能力，成长为能够更好地适应未来岗位需要的复合型技术技能人才。

3.能力的创新性

创新能力是创新创业活动的水平、技能和智慧的体现，主要包括专业技能、学习能力、实践能力、洞察力、创造力、决策力、执行力等创新实践活动的能力。创新能力指个体能够运用扎实的专业技能开展创新实践，运用创新思维洞察事物的本质特征。创新能力较强的人才善于深入学习、

---

① 徐红岩.联邦职业教育研究所.德国职业教育系统规划的总设计师[J].职业技术教育，2014，35（30）：44-45.

思考、理解和把握事物运动发展的规律和特点，善于把专业技术能力转化为决策创造能力，创造性地开展创新实践活动。

在新工业革命的背景下，新知识、新发明、新创造正是产生于不同学科领域、不同行业知识的碰撞、交融和整合之中。新技术、新工艺、新材料、新产品层出不穷且更新换代速度加快，多种技术的交叉融合必然需要多种技能的复合。在"自动化""数字化""智能化"的生产制造过程中，个体的创新能力在"复合"引领下，通过不同专业知识和能力的融合，达到对原来的技术技能的超越，实现技术与技能的贯通衔接，实现技术与技能的淬炼与融汇，从根本上实现复合型技术技能人才能力结构的革新，从而能用一种全新的思维方法来思考所遇到的问题，提出新的解决办法，这也是人的创造力的迸发，是人的智能的飞跃。

第四节 复合型人才培养模式研究背景

教育是时代的产物，高等职业教育作为与经济社会联系最为紧密的教育类型，必须主动适应新经济、新技术、新业态、新职业发展变化，更好地发挥服务社会经济发展的作用，为促进我国从"制造大国"向"制造强国"转变、从"要素驱动"向"创新驱动"转变作出贡献。

一、从"中国制造"向"制造强国"转变的需要

制造业是国民经济的主体，是立国之本、强国之基。制造业的强弱是一个国家综合实力和核心竞争力的集中体现。党的二十大报告将基本实现新型工业化作为 2035 年基本实现社会主义现代化的一项重要目标，并提出推进新型工业化，加快建设制造强国、质量强国、航天强国、交通强国、网络强国、数字中国。唯有制造强国才能变身世界强国。一段时间以来，"中国智造""中国创造"成为外媒报道中国制造业发展的高频词。新加坡

《联合早报》网站刊文称，中国决心推动"制造"向"智造"转变，加快重点制造领域的数字化与智能化发展，硬科技产业获得政策性扶持，展现了中国政府着重发展实体经济的坚决意志和推进新型工业化的努力。为此，中国将加大力度实施产业基础再造工程，展开重大技术装备攻关工程，推动制造业高端化、智能化、绿色化发展。中国将从"世界工厂"发展成为"智造强国"。中国拥有41个工业大类、207个工业中类、666个工业小类，是全世界唯一拥有联合国产业分类中全部工业门类的国家。近年来，中国不断加速推进制造业转型升级的步伐，不断加大创新力度，加速向全球价值链中高端迈进。中国在全球价值链中的地位攀升，制造业生产已经迈向更高端的设备和工业品。①

人才是制造业强国的根本之基，技能人才是支撑中国制造、中国创造的重要力量。高等职业院校是培养高素质、高端技术技能人才和复合型人才的重要阵地。在现代制造业、战略性新兴产业和现代服务业等领域，新增一线就业人口中70%以上来自职业院校。在现代社会中，科学技术的发展使人才流动成为一种常见的社会现象，一个人一辈子固定在一种行业或一个岗位上的时代即将消失，社会成员由"单位人"逐渐走向"社会人"。我国第三产业已经成为经济增长的主要动力，经济的增长方式向集约型、创意型、智慧型、低碳型转变提升，中国经济走向新模式、新业态。数字经济、绿色经济等新型经济发展模式的涌现使岗位的单一对口性降低，社会职业岗位的综合性、融合性大幅提升，不同领域相互"捆绑"成为现代新兴产业的源头，比如传统交通领域与计算机科学相结合形成"智慧交通"。中国制造业从传统制造业向智能化自动化制造业转型升级发展，制造企业对智能化复合型技术技能人才的需求不断加大，企业对人才在跨领域、跨学科、跨专业方面的综合能力和综合素质要求越来越高。中国正从投资驱动型经济转向消费主导型经济，从世界的制造车间逐步升级为服务航母，

---

① 环球网产经．中国：从"世界工厂"迈向"制造强国"[EB/OL]．(2023-06-26)．http://baijiahao.baidu.com/s?id=1769749226987244811&wfr=spider&for=pc．

将需要更多的高技能劳动者，尤其是充足的高职、高专毕业生。然而现实是，用人单位招不到所需的高技能人才，求职者也没有真正做好准备。

复合型人才必然成为我国经济由高速增长转向高质量发展阶段高技能人才供给和需求的主体，必然成为产业升级、经济结构优化的重要智力支撑。高端的复合型技术技能人才是未来世界中企业能否顺利转型升级的关键。仅智能制造行业对复合型技能人才的需求，每年就以 30%~50% 的速度增长，但目前我国高级技术技能人才占比仅为 5%，而日本占比 40%，德国占比 50%。《中国制造 2025》要求大力培育复合型人才，坚持把人才作为制造业强国的基础，加快培育制造业发展紧需的专业技术人才、高层次的复合型人才。目前，从市场需求来看，现场工程师一直处于十分短缺的状态，已成为制约我国制造业发展的一大障碍。教育部等五部门于 2022 年 10 月 9 日发布《关于实施职业教育现场工程师专项培养计划的通知》，将面向重点领域数字化、智能化职业场景下人才紧缺技术岗位，遴选发布生产企业岗位需求，对接匹配职业教育资源，以中国特色学徒制为主要培养形式，在实践中探索形成现场工程师培养标准，培养一大批具备工匠精神、精操作、懂工艺、会管理、善协作、能创新的现场工程师。教育部启动的首批现场工程师专项培养计划项目，将在先进制造业领域，由校企共同培养一批适应新技术、新业态、新模式的高素质技术技能人才。

二、我国从"要素驱动"向"创新驱动"转变的需要

随着高端制造业产业转型升级加快，企业更多依靠创业驱动、创新驱动和全要素生产率提升，而对传统要素的依赖程度大幅降低。创新要素是增强国家竞争力的动力源泉，我国正在努力从"要素驱动"转向"创新驱动"，通过技术创新和技术转化实现经济增长，并将"提高技术转化能力"作为中国经济新常态所赋予职业教育的艰巨而伟大的使命。21 世纪以来，新一轮科技革命和产业变革正在兴起，全球科技创新呈现出新的发展态势

和特征。学科交叉融合加速，新兴学科不断涌现，前沿领域不断延伸，物质结构、宇宙演化、生命起源、意识本质等基础科学领域正在或有望取得重大突破性进展。信息技术、生物技术、新材料技术、新能源技术广泛渗透，带动几乎所有领域发生了以绿色、智能、泛在为特征的群体性技术革命。传统意义上的基础研究、应用研究、技术开发和产业化的边界日益模糊，科技创新链条更加灵巧，技术更新和成果转化更加快捷，产业更新换代不断加快。为提高国际竞争力，世界主要发达国家都在依靠高新技术发展新型产业，高新技术对经济增长的贡献率迅速上升到70%~80%。因此，技术创新制约着当今世界经济发展的基本格局。技术创新的过程大致分为两个阶段：第一，形成新技术阶段；第二，将新技术转化成新工艺或新产品阶段。只有将新技术转化为现实的新产品，才能转化为现实生产力，为社会创造物质财富，因此，一个国家的技术转化能力是决定国家竞争力的核心要素，直接与这个国家的经济发展水平挂钩。

多年来，我国一直存在着科技成果向现实生产力转化不力、不顺、不畅的痼疾，其中一个重要症结就在于科技创新链条上存在着诸多体制机制关卡，技术创新和技术转化的各个环节衔接不够紧密，导致我国技术转化能力在世界排名相对落后，这成为影响中国竞争力的短板，主要问题是我国产业结构不合理，技术创新能力不强，科技成果转化不力、不顺，这些都与企业从业人员技术素质偏低、技术技能人才匮乏有很大关系。调查显示，我国的人力资源素质结构亟待优化，存在的主要问题表现在两个方面：一是人力资本整体素质低，高端人才比例低，技术创新人才严重缺乏，导致我国的技术创新能力不强；二是没有形成体系完善、结构合理的技术技能人才队伍。我国的技术转化能力不高的至关重要的一个原因是，缺乏具备技术转化能力的"复合型技术技能人才"队伍。我国的科学技术水平要真正赶上和超过发达国家，一方面要加强基础研究，另一方面更需要一批精通多门学科、能够紧跟世界科技发展前沿、具有开拓创新意识、能将这些成果及时转化为生产力的一流人才。全球新一轮科技革命与产业变革依赖于科技创新水平与创新复合型人才培养。因此，我国急需培养大批具有创新精神、跨界思维和科技创新能力的复合型技术技能人才。时代呼唤创新复合型技术技能人才以时不待我之创新精神加快解决制约科技成果转化和技术转化的关键问题。

三、现代社会发展和科技发展对技术技能人才的需求

现代科学技术发展的一个显著特点是高度综合，即不同领域、学科和专业之间的联系日益紧密，且相互交叉渗透日益加剧。从20世纪80年代起，科技发展的综合化趋势已经凸显，而21世纪的科技发展综合化趋势更加突出。人的发展与社会发展的互动态势更加明显，主要表现为几个方面：一是劳动分工出现单一工种向复合工种转变，现代社会中职业劳动性质类型的变化体现为体力劳动与脑力劳动、蓝领阶层与白领阶层、动作技能与心智技能的三大超越，发展中的劳动岗位呈现边际岗位的形态，要求劳动者具备跨岗位的本领。二是技术进步导致简单职业向综合职业发展，现代社会中职业劳动的智能结构出现跨专业技能（计算机、外语）、跨行业技术（工具、手段）、跨产业意识（环保、安全）三大复合态势，发展中的职业呈现边际职业的架构，要求劳动者具备跨职业的本领。三是信息爆炸催化一次性学习向终身学习跃迁。现代社会中人们不可能通过一次性学习掌握一生所需的全部知识和技能，一次性学习的思维定式已经过时，显形、隐形、虚拟三大学习形式成为可能，促使劳动者要具备不断开发自身潜能的本领。四是竞争机制迫使终身职业向多种职业嬗变。现代社会中人们不可能一生维系于静态的一次性职业岗位，一次性职业的思维定式也已经过时，跨职业、跨行业、跨产业的三大职业变动成为可能。五是智能化技术的快速发展所带来的不仅有旧职业的消亡、新职业的产生，更有职业结构的变革，即职业之间的关系朝扁平化、网络化、融合化方向发展。可见，"复合型技术技能人才"不仅是高等职业教育经历缓慢曲折的探索过程进入

高质量发展时期所产生的新的人才培养类型，更是智能化时代背景下"人"从作为社会的工具向"全面发展的人"转变的必然产物。

在智能化时代背景下，生产技术的快速迭代以及组织方式的迅速发展加快了社会职业的交替和岗位任务的变化，技术技能人才的工作模式发生了根本转变，具体变化包括五个方面：一是工作过程去分工化，工人的职责不仅仅局限在某个固定的岗位，而是整条生产线的监控。二是人才结构去分层化，智能化生产需要更高端的复合型人才，能够融技术理论与技能操作为一体。三是技能操作高端化，智能制造不是不要人工技能操作，恰恰相反，它更需要高端技能操作。四是工作方式研究化，创新应是工作的内容之一。五是服务生产一体化，需要及时与顾客进行沟通，进行私人订制生产。工作模式的转变意味着职业教育人才培养目标也需要随之变化，传统的职业教育观无法培养出与当前技术技能人才的工作模式相匹配的人才。① 可见，现代社会正在迅速推进的信息化和智能化，促进了产业基础高级化。这种革命性的变化不可避免地会导致社会分工、技能要求及相应的就业的全面流动性，由此提出更为紧迫的高技能人才需求。麦肯锡最新研究结果显示，在较低端就业市场，到2020年将出现2300万富余劳动力，他们的教育程度多为小学，或者几乎没有上过学。在较高端市场，我们预测中国用人单位将需要1.42亿受过高等教育的高技能劳动力，相当于2400万的供应缺口。企业如果以低技能员工弥补缺口，可能影响生产率或者使产品和服务质量变得更差。② 随着不同生产领域与产业的交叉融合，培养一专多能、具备全方位解决问题能力的复合型技术技能人才，已成为高职院校满足未来产业结构升级对职业人才培养要求的内在需求。后工业经济时代呼唤高层次技术技能人才、复合型技术技能人才，如何培养出企业需要的复合型技术技能人才、国际化的复合型技能人才，这是高职教育面临的挑战和机遇，高职院校迫切需要创新高职人才培养模式。

---

① 徐国庆. 什么是职业教育——智能化时代职业教育内涵的新探索[J]. 教育发展研究，2022（1）：20-27.

② McKinsey China. 关乎2500亿美元：如果中国不能填补高技能人才缺口[EB/OL]. www.mckinsey.com.cn/.

第二章
PART TWO

高职复合型人才培养模式的理论基础

第一节 高职人才培养模式的内涵及特点

人才培养模式既是高等职业教育的基本问题，也是高等职业教育改革的关键问题。高职人才培养模式从根本上规定了高职人才的特征，集中体现了高等职业教育的教育思想和教育观念，对高职院校的人才培养具有重要作用。究竟什么是高等职业教育人才培养模式？其构成要素有哪些？它又具有什么特点？这些基本问题必须要搞清楚，否则，高职复合型人才培养模式探索就很容易走入误区。在此基础上，高职院校研究和建立复合型人才培养模式，培养出满足国家和社会发展需求的人才，不仅是高等职业教育改革与发展的重点，更是发展经济、提高综合国力和国际竞争力的关键。根据相关文献，国内关于高职人才培养模式的研究主要涉及四个方面：高职人才培养模式内涵界定、人才培养模式与其相关概念辨析、高职人才培养模式特点和高职人才培养模式构成要素。

一、高职人才培养模式内涵界定

国内众多学者和专家对"什么是人才培养模式"这一问题提出了不同的看法。"人才培养模式"概念的明确界定最早是 1994 年刘明浚等人提出的。他在其主编的《大学教育环境论要》中指出，"人才培养模式是指在一定的办学条件下，为实现一定教育目标而选择或构思的教育、教学式样"；

同时，他还指出了人才培养模式所应涉及的诸要素，包括"课程体系、教育途径、教学方法、教学手段、教学组织手段等"[①]。陈祖福在《迎接时代挑战，更新教育思想和观念》一文中指出"所谓人才培养模式，是指为受教育者构建什么样的知识、能力、素质结构，以及怎样实现这种结构的方式"[②]。而在我国高等教育管理层面，首次对人才培养模式做出正面阐述的是教育部于 1998 年召开的第一次全国普通高校教学工作会议的主文件《深化教学改革，培养适应 21 世纪需要的高质量人才的意见》中提到的，"人才培养模式是学校为学生构建的知识、能力、素质结构，以及实现这种结构的方式，它从根本上规定了人才特征并集中地体现了教育思想和教育观念"[③]。华中师范大学董泽芳教授总结提出人才培养模式七种界说，即"人才培养规范说、人才培养系统说、教育运行方式说、目标实现方式说、人才培养结构说、教学活动程序说、人才培养方案说"，最后，他认为人才培养模式"是一种对于培养过程的设计，一种对于培养过程的建构，一种对于培养过程的管理，它是关于人才培养过程质态的整体性表述"[④]。

职业教育是一种跨界的、创造性的、实践性的活动，具体的教育行为方式灵活多样，要根据特定的教育目的、教育对象、教育者、教育任务和教育场景等确定。高职人才培养模式要从更高站位和宏观层次来抽象和概括教育行为方式，方能更具普遍性和指导作用。人才培养模式是动态的、变化的、发展的，一种成熟的模式既有一定的理论基础，又会在长期的实践中不断丰富完善，形成相对稳定的结构特征，从而指导实践。人才培养模式改革和研究一直是高等职业教育改革与研究的重点。高职人才培养模式既具有一般人才培养模式特征，又存在高职教育类型的个性。有关高职

[①] 刘明浚. 大学教育环境论要[M]. 北京：航空工业出版社，1993.
[②] 陈祖福. 迎接时代挑战，更新教育思想和观念[J]. 高等理科教育，1997（2）：5-14.
[③] 金佩华，李亚萍. 我国高校本科人才培养模式理论研究综述[J]. 江苏高教，2003（5）：108-110.
[④] 董泽芳. 高校人才培养模式的概念界定与要素解析[J]. 大学教育科学，2012（3）：32-38.

人才培养模式内涵研究具有代表性的观点可归纳如下：

狭义论者认为，"培养模式是教育思想、教育观念、课程体系、教学方法、教学手段、教学资源、教学管理体制、教学环境等方面按一定规律有机结合的一种整体教学方式，是根据一定的教育理论、教育思想形成的教育本质的反映"①。这种诠释是将人才培养模式界定在教学活动的范畴内，把人才培养模式理解为"教育方案和教育方式或教学方式"，强调在教学方式方法上来使用"人才培养模式"这一概念。

广义论者认为，"人才培养模式是在一定的教育思想指导下，人才培养目标、制度、过程的简要组合，是为了实现一定的人才培养目标的整个管理活动的组织方式。它是在一定的教育思想指导下，为完成特定的人才培养目标而构建起来的人才培养结构和策略体系，它是对人才培养的一种总体性表现"②。这种观点认为，人才培养模式不仅是对培养过程的设计和建构，也是对培养过程的管理。这种诠释是将人才培养模式概念的界定扩大至教学与管理活动的范畴内，属于对人才培养模式广义的、全面的理解。

泛化论者认为，高职人才培养模式就是高职教育这一教育类型的教育模式，将人才培养模式内涵的界定扩大至整个教育管理活动的范畴内进行考虑。例如，有研究者提出了高职人才培养模式的"三点两层式"的模式框架，该框架的主体由目标模式、发展模式、教学模式三部分构成，并且三者形成了模式的两个层面，即宏观层面的目标模式、发展模式和微观层面的教学模式。"三点两层式"的模式框架中的"发展模式"实际上是一种办学模式。③

中介论者认为，"人才培养模式是在一定的教育教学思想、观念的指导下，为实现一定的培养目标，构成人才培养系统诸要素之间的组合方式

---

① 刘红梅. 21 世纪高教人才培养模式基本原则探析[J]. 齐齐哈尔医学院学报，2002（5）：589-590.
② 马国军. 构建创新人才培养模式的研究[J]. 高等农业教育，2001（4）：19-21.
③ 曾令奇. 我国高等职教人才培养模式理论研究综述[J]. 职教论坛，2006（5）：26-29.

及其运作流程的范式,是可供教师和教学管理人员在教学活动中借以操作的既简约又完整的方案"①。"人才培养模式的内涵,是指在一定的教育思想和教育理论指导下,为实现培养目标而采取的培养过程中的某种标准构造样式和运行方式"②,这种诠释是将培养模式概念的范畴划定于教学活动与整个管理活动之间。例如,有人认为,高职人才培养模式的内涵包括三个层级的内容:第一层级是目标体系,主要指培养目标及规格;第二层级是内容方式体系,主要指教学内容、教学方法与手段、培养途径等;第三层级是保障体系,主要指教师队伍、实训基地、教学管理和教学评价等。他们认为,如果将培养模式仅限定于"教学活动"的范畴内则相对过于狭窄,这种观点认为人才培养模式是一种标准构造样式、运行方式或教育方式。人才培养模式贯穿于大学的整个培养过程中,它与专业结构、教学计划、课程设置等之间是包容与被包容的关系,而绝非并列关系。③

运用模式论方法,综合以上关于人才培养模式的各种定义表述及内涵分析,加上对高职人才培养实践考察的结果,我们不难发现"人才培养模式"的质的规定性。一是人才培养模式的描述对象是学校人才培养活动。学校人才培养活动是人才培养模式的原型客体。所以,人才培养模式的界定范围应该涉及学校人才培养活动的所有方面、各个环节、整个过程。但人才培养模式并不能等同于人才培养活动,而是把人才培养活动抽象化、简约化,概括出人才培养活动的范型、样式。二是人才培养模式是对人才培养活动结构和过程及其相互关系的简约化表示。人才培养活动既包括一系列要素构成的静态结构及其关系,也包括人才培养过程中表现出来的动态运行状态。这些由要素组合而成的范型和活动过程中表现出来的运行方式构成了人才培养模式的主要内容。通过人才培养活动及其过程的系统分

---

① 杨峻,刘亚军. 面向21世纪我国高等教育培养模式转变刍议[J]. 兰州大学学报(社会科学版),1998(2):1-8.
② 龚怡祖. 略论大学培养模式[J]. 高等教育研究,1998(1):86-87.
③ 曾令奇. 我国高等职教人才培养模式理论研究综述[J]. 职教论坛,2006(5):26-29.

析，可以找到能凸显人才培养活动的关键环节和核心内容，从而得到人才培养模式的组成要素、要素之间的相互关系及运行特点。三是人才培养模式各要素按一定的内在规律组合在一起，并依据一定教育规律运行要素之间的相互联系、相互制约，组成一个有机的整体。一个或若干个要素的发展变化，会引起其他要素的变化，这种要素变化机制构成了运行方式。人才培养模式各要素的不同组合及其发展变化结果，形成了风格各异的具体人才培养模式。四是人才培养模式受外界因素的制约。教育思想、教育理论、教育目的、社会和个人对人的培养需求是这种外界因素的主要方面。外界因素的发展变化，必然会引起人才培养模式中相关要素的变动，从而可能会引起人才培养模式的革新。①

笔者认为高等职业教育人才培养模式是在现代职业教育理念和教育理论指导下，以社会需求为导向，根据学校自身的特点，为实现高等职业教育人才培养目标而形成的比较稳定的人才培养活动结构模式和运行方式。人才培养模式在实践中形成一定的风格或特征，如系统性、实践性、范型性、多样性和动态性等显著特征。

二、人才培养模式及其相关概念辨析

（一）人才培养模式与人才培养系统

人才培养是一个系统工程。人才培养工作需要回答七个问题："为谁培养人""培养什么样的人""由谁来培养人""培养谁""怎样培养人""如何保障人才培养""如何评价人才培养"。人才培养系统涉及人才培养理念、人才培养目标、人才培养主体、人才培养对象、人才培养途径、人才培养模式及人才培养制度七大要素。其中，人才培养模式是人才培养系统的重要组成部分，是人才培养系统中的一个子系统，也是最重要、最复

---

① 潘懋元，邬大光. 世纪之交中国高等教育办学模式的变化与走向[J]. 教育研究，2001（3）：3-7.

杂、最有活力的子系统。人才培养模式是指培养主体为了实现特定的人才培养目标，在一定的教育理念指导和一定的培养制度保障下设计的，由若干要素构成的具有系统性、目的性、中介性、开放性、多样性与可仿效性等特征的比较稳定的人才培养活动结构样式和运行机制。可见，虽然人才培养模式与人才培养系统紧密相关，但是人才培养模式与人才培养系统是两个不同的概念。

（二）人才培养模式与教学模式

有学者认为，当前高职人才培养目标模式的内涵是以终身教育思想为指导，以社会需求为导向、面向大众的，培养高等技术应用型人才的高等教育，其发展模式建立在健全而有效的质量保障体系基础上，走产学研合作、学历与非学历并重、多样化的发展道路，其教学模式是以培养高等技术应用型人才为目标，以现代教学理念为指导的动态、柔性、灵活多样的现代教学模式。《高等教育教学评估词语释义》对教学模式的解释为：高等学校根据教学的规律和原则，从教学整体出发，为实现某项教学任务而归纳提炼出的稳定和具体的教学活动范式。

人才培养模式与教学模式的内涵既有区别也有联系。总的来讲，人才培养模式侧重高校对人才培养的途径；而教学模式在宏观上指国家教育制度问题，涉及国家层面的教育体制和管理体制，在微观上可以是教学方式，从这个层面上讲，它属于人才培养模式。教学模式是为了达到教学目标、完成教学任务所进行的教学活动，是人才培养模式的子集。人才培养模式与教学模式有明显的区别。首先，人才培养模式与教学模式的内涵不同。教学模式是一种教学活动结构框架和活动程序，是在一定教学理论指导下，对整个教学过程的抽象化和结构化的把握。显然，教学模式只是针对教学活动而言的，而教学活动仅仅是人才培养活动的一部分，所以，两者在内涵上所针对的范围不同。其次，人才培养模式与教学模式的外延不同。教学模式的外延是教学活动的基本要素，其外延不超过整个教学活动，因而教学模式的外延小于人才培养模式的外延。人才培养模式与教学模式又有一定的联系。教学活动是人才培养活动的基本组成部分,两者在外延上有交叉之处,比如,教学模式中的教学方式要素也属于人才培养模式中的培养方式要素。

(三)人才培养模式与办学模式

人才培养模式是在一定教育思想和理论的指导下,为实现特定的人才培养目标,使学生掌握系统的知识、能力、素质的结构框架和运行组织方式。办学模式是指在一定的社会历史条件制约与一定办学理念支配下形成的,包括办学主体、办学目标、投资方式、办学方式、教育结构、管理体制和运行机制在内的具有某些典型特征的理论模型和操作式样。可见,人才培养模式与办学模式是不同的概念。人才培养模式与办学模式的内涵不同。首先,办学模式主要是针对办学活动而言的。办学是指创设、兴办、管理学校,办学活动涉及投资、招生、教育、管理、经营等许多方面,是对客观办学实践要素的抽象化和结构化。相比于人才培养模式,办学模式的内涵更为丰富和复杂,涉及的层面更为广泛。其次,人才培养模式与办学模式的外延不同。办学是由多种要素组成的系统工程,办学模式的外延涉及办学体制、投资体制、管理体制、招生和就业制度等多个方面,而人才培养模式的外延只涵盖人才培养活动的基本结构要素。

三、关于高职人才培养模式特点的研究

高职人才培养模式具有自身的特点,充分了解其特点是培养模式的必然要求,而且有利于提高人才培养模式的科学性、效益性和可操作性,对实施和完善人才培养模式具有重要意义。关于高职人才培养模式特点的研究,研究者们主要是结合高职院校办学实践进行归纳总结的。归纳起来,高职人才培养模式主要有以下几个方面的特点:

（一）示范性

高职人才培养模式的理论价值在于丰富了人们对高职人才培养活动的认识，其实践价值在于其示范作用。人才培养模式具有示范作用，便于人们模仿，从而得到相同或相似的结果，对提高高职院校人才培养效益具有重要理论指导价值。

（二）实践性

高职人才培养最显著的特点就是职业的实践性，实践性贯穿于高职教育人才培养过程的始终，教育与生产劳动相结合、理论与实践相结合、学校与企业相结合，专业与行业相结合，课程与技能相结合。同时在做中学、在学中做，在做中提升人才培养质量，高职学生的动手能力是高职教育人才培养质量的具体表现。人才培养模式是理论研究与实践探索的结晶，是高职院校与用人单位共同合作育人、总结实践经验和努力探索形成的具有校本特色的培养模式，是经过实践检验的行之有效的培养模式。

（三）多样性

高等教育结构的多维性、高职教育专业的多样化、课程的复杂性决定了高职人才培养模式的多样性。高等职业教育大众化是以社会需求为导向培养多样化的人才为前提的。为了适应社会各行各业对人才多层次、多类型、多规格的需求，高职院校必须根据自身的办学特色和专业特色，紧紧围绕地方经济文化特色和市场需求变化为核心、为导向，探索和构建多样化的人才培养模式，设置专业和构建课程体系等。

（四）系统性

人才培养模式是一个系统结构，高职人才培养模式是由多个要素组成的系统。它包括培养目标、课程体系、教学方法、教学手段、管理制度等，诸多因素之间相互影响，交叉渗透，共同影响着模式的组织样式和运行方式。离开模式的系统性，就无法把握模式的全貌，难以构建起人才培养模式。

（五）动态性

动态性是指高职人才培养模式要随着社会的变革和发展不断调整充实新的内涵。高职人才培养模式的动态性是由经济和科技发展的快速性和人才市场需求的多变性决定的。但是，在一定时期内，高职人才培养模式又是相对稳定的。地方经济发展是高职教育的"晴雨表"，要通过市场机制来影响甚至是决定高职教育人才培养的专业体系、课程结构、教学内容等，因此，高职教育的专业要根据市场的变化进行及时的动态性优化与调整，才能够为地方经济文化建设培养出企业需要的"精准化"人才。

（六）个性化

高职教育人才培养要面向千姿百态的各行各业，要满足性格各异的学生获得个性化发展和全面发展，人才培养模式就必须避免千篇一律，要平衡共性与个性、必修与选修、课内与课外，既要确保高职专业人才培养方案的合规性，又要使其富有个性，还要充分体现区域产业需求、学校个性和课程特色。同时，职业教育是为从事各种职业而培养的人才，每个人的职业与他的性格爱好特点有着重要的相关性，因此，高职教育人才培养要让每个学生找准自己兴趣的切入点和能力的增长点，接受不同课程的学习体验，只有这样才是真正的个性化人才培养模式。

（七）多元性

随着招生培养模式改革的不断深入和现代职业教育体系的逐步建立，专业人才培养方案要根据招生类型的不同和培养模式进行分类设计。中高职衔接的培养模式包括五年制一体化人才培养模式、"三二分段"中高职贯通培养模式和"3+证书"中高职培养模式。高本协同育人试点专业的培养模式分为"2+2"模式、"4+0"模式和"3+2"模式三种。这些培养模式有一个共同点,即培养主体是多元化的。此外,高职教育人才培养主要服务于生产、建设、运营和管理的第一线,其主要特点是职业性、区域性、行业性、多元化。要使高职教育培养的人才符合社会企业用人需求,必须引入社会优质教育资源参与,搭建多元性服务平台,依法保证行业组织、企业单位等成为高职教育办学主体,建立校企共生、共融一体化人才培养机制。因此,育人平台和育人主体的多元性决定了人才培养模式的多元性。

四、关于高职人才培养模式构成要素的研究

有学者从人才培养定位的角度提出了高职人才培养模式的广义的外延范畴,他们认为,高职人才培养模式的构成要素包括七个方面:一是服务区域定位。高职院校主要面向地方经济和行业需要,担负着为当地经济和社会培养生产一线技术应用型人才的任务,服务区域面向比较明确。二是培养目标定位。高职人才培养目标既不同于普通高等教育培养的理论型、设计型人才,又不同于中等职业教育培养的技能操作型人才。它是培养能在生产第一线从事技术转化和管理工作,既有一定的专业理论知识,又有较强的实际操作能力的复合型技术人才。三是专业设置,体现职业性和针对性。四是教学设计,以培养学生职业能力和综合素质为宗旨。五是课程体系,以能力为本位。六是产教结合,即以产教结合作为高职人才的培养途径。七是师资队伍,强调"双师型"。[1]也有学者认为高职人才培养模式主要由以下几个方面构成:第一,正确的教育理念是构建合理人才培养模式的前提;第二,明确的培养目标是构建人才培养模式的基础;第三,课程设置和专业设置是构建人才培养模式的关键环节;第四,以"双师型"为主体的教师队伍是构建合理人才培养模式的保障。

---

[1] 曾令奇. 我国高等职教人才培养模式理论研究综述[J]. 职教论坛,2006(5):26-29.

有研究者提出高校人才培养模式的构成元素可以从宏观、中观和微观三重维度进行认识。宏观维度的高职人才培养模式是在高职院校之外更广泛的范围所建立或形成的多样化主体关系样态。宏观维度的人才培养模式主要涉及高职院校、政府部门、科研院所、行业、企业等。不论宏观维度的人才培养模式表现为什么形式，高职院校都是建立或形成这些模式的主导力量，其目的是汇聚各方的资源和条件，为人才培养工作创造更好的环境。中观维度的高校人才培养模式是在一所高校层面建立或形成的多种教育教学要素的关系样态。高校人才培养工作是多种教育教学要素交互作用的过程，高校教育教学要素主要包括人才培养目标、学科专业、课程与教学内容、教学技术与方法以及教学环境与条件等，其中，人才培养目标具有重要的导向作用。比如，通才和专才是高校两个主要的人才培养目标，显然，与之相应的培养模式是不同的。在教育实践中，有的高职院校倡导建立现代学徒制人才培养模式，有的高职院校则选择了工学结合人才培养模式或订单式人才培养模式。在不同的模式下，各教育教学要素之间的组合方式及其在人才培养过程中所发挥的作用是不同的。微观维度的高校人才培养模式是在高校实际教学活动中，主要围绕师生之间的交互作用方式所形成的关系样态，在一定意义上，等同于教学模式。教师和学生是高校教学活动中的关键要素，任何人才培养工作的努力最终都要通过教师和学生方能产生实际的教育效果，所以，师生关系是人才培养过程中最重要的关系。典型的师生关系样态是高校重要的人才培养模式，比如，以教师为中心的人才培养模式、以学生为中心的人才培养模式等。[1]

陈增红、杨秀冬在《职业教育产教融合人才培养模式研究》一书中分析了职业教育产教融合人才培养模式的核心要素，其中，外部核心要素主要包括政府、企业、社会，内部核心要素主要包括教育理念、师资力量、课程设置、实习实训基地建设、校企合作、校园文化、教育质量监控等。

---

[1] 别敦荣. 论高等学校人才培养模式及其改革[J]. 中国大学教学，2011（11）：20-22.

王胜本等认为人才培养模式的构成要素包括教育理念、培养目标、培养过程、培养制度、培养评价，离开它们其中任何一个，人才培养模式就无法形成。

笔者认为高职人才培养模式构成要素实际上主要存在六个方面的问题：一是培养什么样的人，即价值层面的人才培养理念和人才培养目标，这是目的要素；二是用什么培养人，就是人才培养内容和教学条件，这是内容要素；三是怎样培养人，属于行为层面的实现人才培养目标的培养过程，这是方法要素；四是培养的人怎么样，属于结果层面的培养质量评价体系，这是评价要素；五是由谁来培养人，即培养主体，这是主体要素，高职教育构建人才培养模式的主体应当强调学校与用人单位的共同作用，而不能仅仅局限于学校；六是如何保障人才培养的质量，属于制度层面的人才培养体制机制，这是保障要素。因此，高职人才培养模式主要由六个基本要素构成：培养理念和培养目标（目的要素）、培养内容（内容要素）、培养过程（方法要素）、培养质量评价体系（评价要素）、培养主体（主体要素）和培养机制（保障要素）。高职人才培养模式是一个系统结构，是六个要素的有机组合，也正是由于这些要素的不同组合而形成不同的高职人才培养模式。总之，培养理念是人才培养模式的第一构成要素，它规定着人才培养活动的发展方向。培养目标是培养理念的具体化，是人才培养活动的开始阶段。培养过程是人才培养活动的实施阶段，它是培养理念的具体实践，也是人才培养目标的贯彻落实。培养评价是对人才培养活动进行监控，只有通过培养评价实现对人才培养活动的过程实施全程监控，人才培养活动才能按照预期规划进行，也才能有效地实现预期的培养目标，人才培养过程才能得到优化。培养主体是人才模式的动力要素，主导着人才培养活动的各个阶段，参与人才培养过程，推动人才培养模式创新。培养机制是人才培养模式形成的关键要素，只有将人才培养活动制度化、规范化，人才培养行为才能持之以恒，人才培养质量才能不断提升，人才培养模式才具有可推广性和可复制性。

第二节　国内外复合型人才培养研究进展

理论来源于实践却高于实践，对实践具有指导作用，职业教育发展离不开理论的指导，国内外职业教育关于复合型人才培养的理论成果、实践应用以及研究进展是不同人才培养模式和教育规律探索的基础。

一、国外复合型人才培养研究进展

国外有关复合型人才的概念起源可以追溯到古希腊时期，当时的教会学校开设"三科""四学"，俗称"七艺"。之后文艺复兴时期人文主义兴起，人的全面发展和自我价值逐渐受到重视，因此当时的人们在"七艺"的基础上增添了有关自然科学与人文学科的教育。直到19世纪，随着大学的不断建立和发展，高校开始探索更高层次的人才教育理念。从1828年《耶鲁报告》中提出的"文雅教育"理念，再到20世纪上半叶哈佛大学校长柯南特在课程改革中将"通识教育"推向全世界，"通识教育"一词自问世起就成为美国复合型人才培养的指导思想。[①]国外虽然没有对复合型人才进行具体的定义，但是有关复合型人才的培养已经深入到高校教育的方方面面。国外对于复合型人才培养的研究大致呈现以下几个维度。

（一）跨学科专业和跨学科复合课程设置研究

2002年联邦教育部对美国高等教育的专业设置进行了调整。为培养跨专业人才，交叉专业大量增加，主要有跨学科群交叉和学科群内交叉。由于国际化相关专业发展迅速，对部分传统专业进行整合。而生物、医学、农学等学科群则进行了综合，拓展了专业涵盖面。[②]跨学科专业是指通过不

---

① 潘春胜，刘聘. 美国复合型人才培养模式的特征及其启示[J]. 浙江工贸职业技术学院学报，2013，13（4）：5-8.
② 伍红林. 21世纪初美国高等教育本科人才培养模式变革[J]. 现代教育科学，2004（2）：101-104.

同学科的有机组合，构建新型的专业课程体系，这种跨学科专业课程体系有别于传统单一专业的课程体系，其中许多课程不是专门针对本专业的学生开设的，而是让学生可以选修不同开课院系开设的课程。例如，美国伯克利文理学院的"国际及地区研究"跨学科专业群，包含6个本科专业与3个研究生专业，专业群的教师来自全校40个传统的系科，没有仅属于这些专业的教师。[①]宾夕法尼亚大学为了推进无障碍跨学科教育，开设"跨学科复合课程""跨学科选修课程"和"跨学科研究课程"等，以课程结构与课程内容为基础，确定了六种可供参考的跨学科复合项目模式，并对每种模式做了进一步的详细分析与总结。美国高校课程设置体现了综合性与实践性的统一。课程设置综合性主要包括两个方面：一是注重知识的广博，加强基础性课程知识，培养创造性学习能力；二是注重人文科学、社会科学与自然科学相互渗透，突出课程的应用性。因为课程结构的单一必然导致知识和能力的单一，不利于毕业生适应社会和个人的全面发展。复合交叉的人才培养模式能够突破单一化教学产生的思维定式问题，这样的观点在高等教育界得到了普遍认同。[②]美国高等教育受到通识教育的深刻影响，在2007年为了改善本国的通识教育现状和应对21世纪带来的未知挑战，美国大学学院联合会（the Association of American Colleges and Universities）发布《全球化时代的学院学习：美国自由教育诺言的国家领导理事会报告》，提出美国大学生的能力结构要包括人类文化、物理和自然世界的知识、智力和实践技能、个人社会责任感、跨文化知识、解决复杂问题和适应新环境的能力。[③]在日本高等教育领域，当"开放创新"的概念一经提出便受到众多学者的广泛关注。2016年日本文部科学省发表《科学技术白皮书》鼓

---

① 刘楚佳. 我国高校本科专业设置改革探讨[J]. 广州城市职业学院学报，2008（8）：45-49.

② MANATHUNGA C，LANT P，MELLICK G. Imagining an interdisciplinary doctoral pedagogy[J]. Teaching in Higher Education，2006，11（3）：365-379.

③ College learning for the new global century：a report from the National Leadership Council for liberal education America's promise[R]. The Association of American Colleges and Universities，2007.

励组织与组织之间相互联合优势互补,日本学者吉原麻里子认为不同专业领域的人才聚集在一起,跨学科的知识复合型项目更易产出创新型成果。①面临快速发展的经济社会,单一的知识能力结构显然无法适应社会发展的需求。因此,日本各高校在复合型人才培养过程中,在课程体系中融入多元素的知识和能力,拓宽人才的知识广度和增强知识接纳程度。

（二）复合型人才培养路径研究

国外对复合型人才的培养主要是通过跨学科培养、双学位制度、主辅修制度来实现的。为迎合社会多样化发展需要,英国发表《高等教育的框架》和《21纪的教育和训练》等教育白皮书,将育人重点从培养专业人士转移到跨学科和综合学科培养复合型人才。②美国高等教育课程设置具有很强的灵活性和自主选择性,以保证学生能够得到全方面发展,如杜克大学就以拓宽学生知识的宽度和加深学习深度作为课程培养目标。日本北海道大学专门将数个相近学科合并为"社会理工学"来专门培养复合型人才。欧盟进行复合型人才培养主要的方式是跨界融合,比如现代学徒制就是校企合作式的联合培养人才模式的衍生,通过企业与高校的联合主要培养复合型技能技术型人才。③其中,法国的现代学徒制的专业单元的学习主要由企业承担,职业单元在学徒培训中心学习。④Stephen G.Pajewski（2006）以美国私立研究型大学匹兹堡大学（University of Pittsburgh）的本科生为调查对象,发现跨学科专业的学生更常向他们的指导教授请教学术问题,他

---

① 吉原麻里子,玄场公规,玉田俊平太. 学際性を重視したイノベーション教育の先進事例——スタンフォード大学 Biodesign プログラム[J]. Japan society for research policy and innovation management,2014（2）:160.
② The White Paper and Academic Research[EB/OL]. https：//onlinelibrary. wiley. com/doi/abs/10. 1111/j. 1468-227 3. 1994. tb01637. X.
③ European Commission. SMEs What are you waiting for?[EB/OL]. http：//ec. europa.eu/research/mariecurieactions/documents/documentation/publications/smes_mcurie_en. pdf. pp. 6.
④ KAISER F. Higher education in France[R]. Netherland：Center for Higher Education Policy Studies,2007:16.

们所咨询的问题涉及的学科领域更加广泛，且能得到的建议从整体上看质量更高。[①]国外学者虽然没有对复合型人才有具体详细的定义，但是已经进行了诸多关于复合型人才培养的教学实践，比如双学位制度、主辅修制度以及跨学科建设等都体现了复合型人才培养的价值观念。

（三）人才培养模式研究

国外较早的人才培养模式主要有五大类：一是加拿大和美国为主的教育能力本位的人才培养模式 CBE（Competency-Based Education）；二是英国和澳大利亚为主倡导的教育培训能力为本的人才培养模式 CBET（Competency-Based Education and Training）；三是德国的"双元制"人才培养模式；四是新加坡的"教学工厂"模式，教学工厂模式其实是基于德国"双元制"的工学结合模式的加强版，强调与企业合作培养的培训；五是澳大利亚的 TAFE（Technical and Further Education）模式，TAFE 是技术与继续教育的意思，这种模式是以产业为导向的职业教育与培训，能促进人才适应职业需求的发展。[②]德国的"双元制"培养模式是按照企业的需求来制订计划安排岗位培训的，能够让学生迅速熟悉和胜任就业岗位。CBE 和 CBET 都是以个人能力为基础，强调学生的自我学习与自我管理的培养模式，而 CBET 是以工程技术能力与生活能力为目标的，是直接面对产出的。另外，还有哈佛大学的"校企合作"模式[③]、斯坦福大学的"产学研培养"模式[④]、日本的联合培养模式以及韩国以学生为中心的培养模式。这些人才培养模式都是校企合作的典型范例，强调校企共建课程体系，注重交叉学科的融合发展，教学以学生为中心，促进学生个性化发展，加强自我教育与自我管理的能力的培养模式。近年来，受产业变革的驱动，国外以 CDIO（Conceive Design Implement Operate）工程教育模式和 OBE

---

① PAJEWSKI S G. Engagement in academic advising a comparison between students in interdisciplinary programs and students in non-interdisciplinary programs[D]. Pittsburgh：University of Pittsburgh，2006.
② 克拉克·B. R. 高等教育系统：学术组织的跨国研究[M]. 杭州：杭州大学出版社，1994.
③④ 林洁. 国外高校人才培养模式对河南省民办高校的启示[J]. 现代企业，2019（2）：94-95.

（Outcomes-Based Education）模式为代表的研究逐渐增多。CDIO 即构思、设计、实现、运行模式，其主要目的是培养具有产业界需要的工程素质和工程运用能力的工程人才，是美国麻省理工学院联合其他几所大学研究提出的工程教育模式①，注重学生知识、能力、素质提高。OBE 工程教育理念，又称成果导向教育、目标导向教育②。基于 OBE 理念的工程教育模式，以学生取得的学习效果为教育目标，将教育模式由"以内容为本"转向"以学生为本"。国外的人才培养模式多种多样，国外的人才培养模式受市场的需求影响而发生变化。

二、国内复合型人才培养模式研究进展

（一）国内相关文献统计及分布

截止到 2023 年 8 月 19 日，以"复合型人才"为主题在中国知网（CNKI）上进行检索，共有 25 566 篇文献，而以"复合型人才"和"高职"为主题进行检索只有 2488 篇。以"复合型人才培养"为关键词（精确匹配）在中国知网上检索有 1490 篇文献，其中，硕士学位论文 59 篇。以"高职院校"和"复合型人才培养"为关键词（精确匹配）在中国知网上检索，2004 年至 2023 年期间共检索出文献 68 篇，文献年度分布和总体趋势分析如图 2-1 所示。

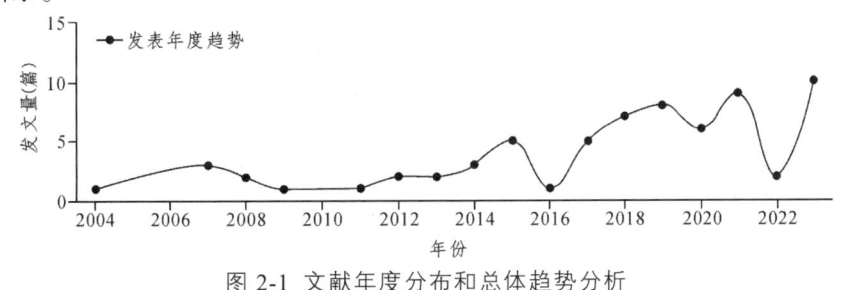

图 2-1 文献年度分布和总体趋势分析

---

① 孙熙. 推动人工智能更好地为人类服务[J]. 中国国情国力，2020（4）：20-21.
② 孙竹，韦春荣. 国外工程教育人才培养模式解读及经验借鉴[J]. 中国教育技术装备，2019（22）：134-136.

这说明在我国高等职业教育领域关于复合型人才培养的相关研究十分匮乏，关于复合型人才培养模式的理论研究成果较少，多数研究成果是关于复合型人才培养模式的实践经验总结，在高职领域开展复合型人才培养模式理论研究的不多，少有学者通过实地调研或是通过个案分析来探讨高职复合型人才培养模式和培养路径。从侧面反映出高职院校对复合型技术技能人才培养不够重视，对高职复合型人才培养模式缺少系统性的研究和探索，高职复合型人才培养模式研究有待创新。

（二）国内复合型人才培养研究文献综述

我国结合自身发展情况开展复合型人才的培养工作，有关高职复合型人才的研究论述主要集中在复合型人才内涵，复合型人才培养的必要性、现实问题、人才培养路径等方面，相关理论研究与实践探索都有显著的成果。国内对复合型人才培养有深入研究的专著主要有《"工商融合"复合型人才培养模式的探索与实践》《新时代高校本科跨学科复合型应用人才培养模式研究》和《高职复合型人才协同培养的创新与实践》。国内关于复合型人才培养的研究大致呈现以下几个维度：

1.高职复合型人才培养必要性研究

陆冰根据社会与市场对毕业生要求的变化，认为培养高质量的知识复合型人才有利于满足社会发展的需要。[①]李纯光基于人才培养的质量要求，认为培养适应社会的复合型人才，提高学生的综合能力与素质是人才培养质量的重要标志。[②]高平通过分析国家产业结构的调整和世界技术发展趋势，认为为了增强高职学生专业适应性和就业竞争能力，适应未来社会多样化的需求，高职院校应当把学生培养成具有"一专多能"的复合型人才。[③]

---

① 陆冰.适应社会发展需要着力培养复合型人才[J].南京工业大学学报（社会科学版），2005（3）：92-94.
② 李纯光.高校复合型人才培养管理研究[D].西安：西安科技大学，2015.
③ 高平.高职教育中复合型人才的培养探析[J].辽宁教育研究，2007（5）：73-74.

蒋玲、秦志凯从现代学科的整体化趋势、文化多样化现象和社会问题的综合性分析认为，复合型人才培养是高职教育的必然。①社会发展总体形态的改变对职业教育的育人目标产生了影响，李闯认为职业教育要适应社会发展的新形态首先要将"复合型"人才作为培养目标。②总体来看，学者对于高职进行复合型人才培养给予了高度肯定，大多数从社会大环境、经济发展整体需求等宏观层面进行讨论，从高职本身和高职学生自身发展的角度讨论的较少，且整体相关研究不多。

2.高职复合型人才培养问题研究

方东提出复合型人才培养模式的三大瓶颈：课程设置上零散孤立，缺乏系统性；培养途径上相互脱节，缺乏整合性；师资配置上各自独立，缺乏协同性。③李国胜、龚荣伟总结目前高职复合型人才培养主要是基于以提升技能为主的育人导向，以工学结合、校企联合办学为主的育人体系，同时分析出目前高职复合型人才培养主要存在生源基础差、师资力量薄弱、企业参与度低和人才结构单一等问题，并提出应从学生的基础知识水平、办学模式、资金来源和高职复合型人才的培育方向等方面来优化人才培养模式。④立足于目前智能制造的大环境，浦毅梳理了目前高职院校智能制造复合型人才培养面临的问题，指出现阶段在高职复合型人才培养的过程中存在专业发展顶层设计滞后、重显性技能、轻隐形技能等问题，由此导致复合型人才专业能力单一，缺乏一定的绿色创造能力，难以满足职业发展的可持续性要求。另外多层次、立体化的实践教育体系尚未完善。⑤

---

① 蒋玲，秦志凯.浅议高职复合型人才的培养[J].江苏社会科学，2008（S1）：129-131.
② 李闯.构建"三维"课程体系框架：高职复合型人才培养的应然路径[J].职教论坛，2020（4）：66-69.
③ 方东.高校复合型人才培养的现实困境及其反思[J].高教探索，2008（4）：135-136.
④ 李国胜，龚荣伟，许志武.高职复合型人才培养模式的短板及优化建议[J].教育与职业，2017（19）：45-49.
⑤ 浦毅.高职院校智能制造复合型人才培养模式研究[J].教育与职业，2019（16）：48-52.

3. 高职复合型人才培养路径研究

关于高职复合型人才培养路径的研究比较少，高平从复合型人才的内涵角度出发，提出高职复合型人才培养要从实训、学生的关键素质和师资队伍建设三个方面进行建设。[①]黄炳超和黄明东从要素变革视角提出构建粤港澳大湾区创新复合型人才培养体系框架，即通过构建涵盖前沿性、科学性、国际化学科专业课程体系，开放式、创新性、高品质校园文化教育体系和应用性、真实性、模块化创新创业实践体系，形成全局性、结构性、一体化的人才培养体系框架，培养高素质的创新复合型人才，助推世界一流湾区建设。[②]许宇飞和罗尧成（2021）提出人才培养定位局限、企业参与培养程度不够、教师队伍支撑力度不足等因素制约复合型技术技能人才的有效培养；并提出了复合型人才培养路径，包括高职院校应以未来岗位需求为导向，确立复合型技术技能人才培养定位；构建校企多元育人机制，推动企业成为人才培养重要主体；优化"双师素质+双师结构"建设路径，打造高质量的师资队伍等。[③]王冬梅（2020）在《1+X证书制度下高素质复合型技术技能人才培养问题的逻辑探索》中，结合"1+X"证书制度试点实践，分析复合型技术技能人才培养问题，包括专业设置与工作岗位的逻辑衔接、课程设置和能力需求的逻辑匹配和师资建设与能力培养的逻辑顺序，并相应地提出了"1+X"证书制度下培养高素质复合型技术技能人才的逻辑路径：课程标准和内容与岗位技能衔接、加强师资队伍建设、学校与企业进行深度合作。[④]吴昊宇从湖北省产业升级背景出发，分析高职复合型人才培养的现实困境，主要是通过湖北省高职复合型人才培育在价值层面存在理念缺失，在行动层面缺少联动育人机制的现状，提出高职复合型人才

[①] 高平. 高职教育中复合型人才的培养探析[J]. 辽宁教育研究，2007（5）：73-74.

[②] 黄炳超，黄明东. 要素变革视角下粤港澳大湾区创新复合型人才培养体系框架构建[J]. 高等工程教育研究，2020（3）：116-121.

[③] 许宇飞，罗尧成. 1+X证书制度下复合型技术技能人才培养的困境与路径选择[J]. 教育探索，2021（3）：39-42.

[④] 王冬梅. 1+X证书制度下高素质复合型技术技能人才培养问题的逻辑探索[J]. 成才，2020（11）：11-12.

培养模式应以市场需求为人才培养导向，开展专业联合教学；以学生主体为基本，实行综合能力拓展培养；以毕业生情况为参考，建立就业动态反馈机制。[①]李宇红从"双高建设"背景下进行分析，认为复合型人才是指多元化、多功能人才，能够胜任多个专业领域的岗位职责，并提出以专业群为载体培养复合型技术技能人才的培养途径。[②]目前，普通高校主要是通过双学位、第二学位主副专业辅修等方式鼓励学生学习两个专业，达到复合型人才培养的目的。这种培养方式却不适用于高职教育领域，究其原因：一是高职教育的学制系统只有三年，较普通高校少了一年，无论从时间分配还是从高职学生本身学习能力上考虑都不现实。二是高职人才培养最典型的特点"跨界"，需要在大量的实习实训中提升专业技术技能，实践场所的跨度和个人精力的有限都削减了在专业外进一步复合的可能。高职院校应积极探索和设计适应自身类属特征的复合型人才培养路径。[③]

4.高职复合型人才培养模式研究

刘淑萍在探讨跨学科培养复合型会计人才的社会需求的基础上，构建了符合高职院校会计专业特征的复合型人才培养体系。[④]孙进所著的《高职复合型人才协同培养的创新与实践》选取江苏建筑职业技术学院为样本，对构建高职复合型人才培养模式进行了探索，实现高校、科研院所、企业协同育人，形成从高端技能型人才—技术应用型人才—技术创新型人才—高新技术研发型人才的培养体系，通过学校之间课程互设、学分互认、全方位推进教育内部衔接和外部对接，探索以复合型人才为核心的人才培养

---

① 吴昊宇.湖北省产业升级背景下高职复合型人才培养的现实困境、模式导向与对策研究[J].职教通讯，2020，6（1）：63-69.
② 李宇红，王艳."双高计划"背景下技术技能人才新内涵研究[J].北京经济管理职业学院学报，2020，35（3）：20-25.
③ 秦芬.1+X 证书制度下高职复合型技术技能人才培养研究[J].高等职业教育探索，2020（7）：30-35.
④ 刘淑萍.跨学科视角下会计专业复合型人才培养策略分析[J].会计师，2017（15）：61-62.

机制。①浦毅分析了智能工业对高职院校复合型人才的培养要求，即复合型人才要具备"多接口"，且具有创新能力和绿色能力，在此基础上，文章以机械制造与自动化专业为例，通过以专业与产业、职业岗位结合为导向，确定培养目标，以岗位职业能力为导向，重构专业课程体系，以工作任务为导向，开展"做学教合一"教学活动，构建了面向智能工业的"三段渐进式"人才培养模式。②

第三节 高职复合型人才培养模式理论基础

任何实践活动都必须以科学的理论依据为基础，同样，高职复合型人才培养模式的构建也必须以科学的理论为基础。理论来自实践，并指导实践。为了确保高职复合型人才培养模式的探索与实践是在科学的理论指导下进行的，笔者对教育基本规律理论、人的全面发展理论、多元智能理论、基于能力本位的职业教育理论、通识教育理论、建构主义理论的基本内涵进行了梳理，探寻高职复合型人才培养模式理论基础和指导意义。

一、教育基本规律理论

（一）教育基本规律理论的基本内涵

我国高等教育学专家潘懋元教授于 20 世纪 80 年代提出了教育的内外部关系规律，即教育的两条基本规律说，"教育存在两条基本规律。一条是教育外部关系规律，指的是教育作为社会的一个子系统与整个社会系统及其他子系统——主要是经济、政治、文化系统之间的相互关系的规律，简称教育外部规律；一条是教育内部关系规律，指的是教育作为一个系统，

---

① 孙进. 高职复合型人才协同培养的创新与实践[M]. 北京：中国建筑工业出版社，2018.
② 浦毅. 高职院校智能制造复合型人才培养模式研究[J]. 教育与职业，2019（16）：48-52.

内部各个因素或子系统之间的相互关系的规律，简称教育内部基本规律"。关于教育的内外部关系规律的具体表述，潘懋元教授最后确定为："教育必须受一定社会的经济、政治、文化所制约，并为一定社会的经济、政治、文化发展服务。""社会主义教育必须通过德育、智育、体育、美育培养全面发展的人。"[①]教育外部关系规律表明，教育必须为一定社会的经济、政治、文化、科学服务。高等职业教育必须遵循教育的外部关系规律，处理好高等职业教育与这些方面的关系，适应社会需要，促进社会发展。高职院校必须遵循社会适应原则、市场需求原则，合理设置学科专业，加大专业结构调整力度，优化人才培养结构，主动适应社会的发展需要。教育的内部关系规律表述中，既包含我国的教育方针，也包含高等教育培养目标、培养规格的一般性要求。

（二）教育基本规律理论对于高职复合型人才培养模式的启示

1.教育基本规律理论是高职复合型人才培养模式构建的理论基石

当高职院校的人才培养不能很好地符合人才培养目标时，则必须对人才培养模式进行创新。高职院校必须遵循教育外部关系规律，以社会的需要为参照基准，调整学校的专业设置，设置跨学科、跨领域的专业，不断调整优化专业结构，使人才培养更好地适应经济与社会发展的需要。高职院校还要提高自身对外部市场的敏感性以及时进行人才培养方案的调整，建立专业课程建设随产业结构发展的动态调整机制，提高两者的衔接度和匹配度，及时调整人才培养模式中的诸要素，提高人才培养质量与区域重点产业人才需求的匹配度。

2.高职复合型人才培养需要开展校企一体化合作

高职教育就本质而言是一种跨界教育，人才培养中企校两界的交替作用必不可少，复合型人才培养更是需要校企合作，在综合性实践中培养学

---

① 潘懋元.教育的基本规律及其相互关系[J].高等教育研究，1988（3）：6.

生多样化、层次化的专业技术能力、职业变迁能力、社会普适能力和创业创新能力的复合性。高职院校的人才培养必须遵循教育内部关系规律，专业建设与发展要适应产业发展，人才培养要满足区域产业发展对复合型人才的需求，高职教育服务区域经济发展的同时，必须服务学生的职业生涯发展路径，坚定不移地走"职业化"的发展道路；必须树立为产业服务的课程观，围绕新兴的高端产业发展方向与企业合作共同开发课程，充分体现系统性、过程性、职业性、发展性要求，充分反映企业生产岗位的新知识、新技术、新要求。

二、人的全面发展理论

（一）人的全面发展理论的基本内涵

马克思关于人的全面发展学说是马克思针对资本主义旧式分工造成人的畸形发展而提出的。马克思认为，随着资本主义社会的发展，虽然社会在整体上得到了极大的进步，但对于个人来说，社会分工越来越细导致了人的发展的片面性。[①]马克思指出，人的片面发展就是每一个人都只隶属于某一个生产部门，受它束缚、听它剥削智力的荒废和工人生产力的贫乏，这就是资本主义分工过程中人的自我丧失。在马克思看来，只有消灭旧式分工，将体力与脑力结合于劳动者自身，才能够适应社会不同类型的劳动要求，从而使人们能够把个人不同的社会职能，作为彼此互相交替的活动方式和职业行为。只有在这种情况下，人才能获得全面的发展。与片面发展相对的，人的全面发展是指一个德智体美多维的又有重心的结构和整体统一的发展，也就是心智的全面和谐发展、身心全面和谐发展、个体和社会的协调统一和全面发展。人的全面发展是指"人的体力、智力、品德、审美能力，以及才能、志趣的自由充分和谐的发展，即作为一个真正完整的、全面性的人的发展"[②]。

[①][②] 马克思恩格斯选集（1-4 卷）[M]. 北京：人民出版社，1995.

人的全面发展是具体的、实践的。如马克思所言，人的本质并不是单个人所固有的抽象物在其现实性上，它是一切社会关系的总和。因而人就不可能脱离一定社会历史条件而独立发展，必须投入到整个社会的历史实践中来，只有人的方方面面的具体的发展才能构成真正的全面发展，因此人的全面发展是在一定社会中的具体的、实际的、个人的全面发展。社会的发展需要熟悉生产体系的各种人才，只有通过教育才能更好地促进人的全面发展，符合社会人才的需求。职业教育是促进人的全面发展的教育，也是满足社会化大生产对劳动力的客观需求的教育。

马克思提出的关于人的全面发展理论，主要围绕人的能力全面发展、人的社会关系全面发展和人的个性全面发展三个层面进行研究。人的能力全面发展是指人是自由人，每个人都有全面发展自己能力的机会，而不应由于社会分工导致人发展的片面，其核心是强调人的主体性和客观存在。人的社会关系全面发展是指人的发展是与社会发展紧密相连、不可分割的，因此需要通过实践不断尝试新的社会关系，改善社会地位，实现在不同领域的丰富发展，最终实现人的社会关系的全面发展。关于人的个性全面发展是人的发展的最终目标，强调人的生理和心理发展都得到了充分协调发展。

首先，人的全面发展表现为人的多方面能力的发展。人类不仅从事物质活动，而且从事精神活动，只有这样，才能成为全面发展的人。物质生产活动即指经济学意义上的劳动，是人类生存和发展最基本的条件，人的发展也将永远包括劳动能力这一基本内容，而人的体力和智力是现实的人的劳动能力的基础。劳动能力存在于人体，人们运用自己的体力和智力生产使用价值。因此，实现人的体力和智力的普遍提高与协调发展，即人的劳动能力的提高，是人的自由全面发展的内在要求。人的精神活动，主要是指科学研究、文学和艺术创作，以及对人类已有文化成果的享受，它同样是人类生存和发展所必需的，人类需要以较高层次的精神形态的活动去把握世界。无数事实证明，人类发展在很大程度上取决于人的精神活动的发展，尤其是精神活动的产物——科学技术，正成为社会进步的决定力量。

其次，人的全面发展是人的社会关系的全面丰富，体现了人的社会交往的普遍性。人与人之间必须首先形成普遍的交往和全面的关系，才能谈得上自觉地支配和控制社会关系，而要控制这种全面的社会关系，必须有全面发展的人。人的社会关系的和谐发展，是指人与自然、人与社会、个人与他人以及自身各方面关系的发展。按照马克思的理解，人的本质是一切社会关系的总和。因此，个人社会关系的好坏，直接决定着人的本质，进而也决定着人的自由全面发展的程度。

最后，人的全面发展是人的素质的全面提高和自由个性的形成。人的素质主要是指人的综合品质，即指人的德、智、体、美诸方面的素质。人的自由全面发展，就是要不断提高人的各方面的素质，促进人的素质的全面提升和全面发展；就是促使人自觉、自愿和自主的发展；就是把人作为目的的发展，是指人的个性自由。世界上没有完全相同的两片树叶，也没有完全相同的两个人。个性自由，是建立在全面发展基础上的个人独创的、自由的发展。根据马克思的观点，生产力的发展是实现人的全面发展的决定性因素，然而对实现人的全面发展起促进作用的生产力的表现形式有多种，教育就是其中的一种重要的形式。

（二）人的全面发展理论对于高职复合型人才培养模式的启示

人的全面发展理论的内涵既丰富又深刻，该理论对中国职业教育理论与实践产生了深刻影响，人的全面发展理论是高职复合型人才培养模式的理论基础，对于复合型人才培养模式构建具有重要启示作用，主要有以下四个方面的启示：

1.人的全面发展理论是高职复合型人才培养模式的价值论基础

人才培养模式的构建和完善是教育的重要部分，全面发展的教育就是通过人才培养模式的构建和完善，即通过德智体美劳各个方面的全面协调发展，从而培养和造就全面发展的人。高职复合型人才培养模式的构建与完善对高职人才培养质量具有重要意义，是培养和造就全面发展的复合型技术技能人才，就是把学生培养成为他真正的自己，做真正的自由发展的人，把人、职业、生活紧密联系在一起，为人的个性自由、全面发展而服务。高职复合型人才培养必须以人为本，以学生为本，尊重学生，促进学生的全面发展和个性发展。

2. 人的全面发展理论是高职复合型人才培养模式的哲学基础

人的全面发展理论的内涵决定了高职人才培养理念、培养目标、培养内容与培养过程等。人的全面发展理论从哲学角度为职业教育人才培养目标定位为复合型技术技能人才奠定了理论基石。高等职业教育日益关注人的全面发展，人才培养目标从单纯注重培养学生的专门技能和专业能力向注重培养学生以综合职业能力为核心的多元整合型方向发展，追求工具性价值和发展性价值的统一。从人的发展角度来看，培养复合型技术技能人才就是促进人的个性和能力的全面发展，即促进作为个体的人在人格、智力、能力、体力、创造力等各个方面的全面发展，促进物质生活和精神生活的全面发展、身体素质和心理素质的全面发展。这一人才培养目标体现了社会性、人本性与全面性的统一。高职教育应该关注学生的全面发展，包括学生的思想道德、文化素养、身心健康等方面，这样才能培养出复合型人才。高职教师要积极引导学生确立个性发展、全面发展、多样成才的成长观。人的全面发展就是人的个性、身心的全面发展，不是"全才"发展，一个人不可能样样都精、行行都行，但是人人可以出彩。复合型技术技能人才的成长和发展有其特有规律，高等职业教育必须尊重人才成长和发展的规律，因势利导，扬长避短，因材施教，促使每个受教育者，都能按其自有的特征、各自的兴趣方向成才。

3. 人的全面发展理论对高职人才培养模式提出了新要求

为适应社会经济的发展变化，复合型人才培养模式应运而生，不仅能满足高等院校适应当今时代的需要，培养大批富有创新意识和创造才能的高素质人才，同时它也是新时代赋予高等院校的重大使命，突显了人的全面发展对高职人才培养的新要求。新时代的高职教育必须构建具有高职本质特色、时代特征、个性发展的新模式，以适应新形势、新变化，促进学生的个性发展，实现人的全面发展。以人的全面发展为理念的教育教学不仅关注学生知识与能力的发展，更注重"工匠精神"和职业素养的培育与传承。高职复合型人才培养必须立社会主义核心价值观之德，树学生个性自由发展之人，只有两者融会贯通才能够实现真正的立德树人，培养个性自由发展、德智体美劳全面发展、德艺双馨的复合型技术技能人才。

三、多元智能理论

（一）多元智能理论的基本内涵

多元智能理论由美国哈佛大学教授、著名认知心理学家霍华德·加德纳于1983年在《心智的结构》中首次提出，这一理论对职业教育和标准化测试评价产生了深刻的影响，受到教育界广泛关注，并成为20世纪90年代以来许多西方国家教育改革的指导思想之一。加德纳认为，智力是一个基本单位，智能本质上是一个复数的、多元的概念，是在某种社会或文化环境的价值标准下，个体用以解决自身遇到的真正难题或生产及创造出有效产品所需要的能力。加德纳认为，每个人都普遍具有八种智能：一是语言智能，主要是指个体对文字意义、顺序、语音、语言节奏等的敏感性和感知力；二是数学逻辑智能，指个体在行为活动之间和符号之间建立逻辑关系的能力；三是视觉空间智能，指个体进行空间排列的思维能力；四是身体动觉智能，指人运用整个或部分肢体解决问题的能力；五是音乐智能，指人对音乐的节奏、音高、音调、曲调等的感知能力，也包括唱歌、演奏乐器和作曲的能力；六是人际智能，指有效与人交往相处的能力以及对他人情绪、感情、性情等的敏锐感知力；七是自省智能，指认识、洞察和反省自身情绪、目标的感知力及根据自身特点采取行动的能力；八是自然智能，指个体对自然环境的特征进行分类和区别的能力。①

按照加德纳教授的多元智能理论，个体身上独立存在着与特定认知领域或知识范畴相联系的八种智能。这意味着，利用多元智能理论，可以按照职业的典型智力特征区分职业的类型和职业能力的层次。职业能力是可以学习和影响的。教育的根本任务就在于根据人的智能结构和智能类型，采取适合的培养模式，来发现人的价值、发挥人的潜能、发展人的个性。

为了实现某个目的，每个人都有一系列不同的智能可供运用。然而，陈杰琦等认为每个人的智能结构并不是由各种相互割裂的智能组成的条形图，不同的智能相互影响着彼此的发展和表现，并且在它们之间存在着三种明显的彼此作用方式：瓶颈效应、补偿效应、催化效应。瓶颈效应是指一种智能可能会妨碍另一种智能的表现或发展。补偿效应是指智能强项可能抵消智能弱项造成的不利影响。比如，某个学生在舞台表演中表现出较差的语言智能，但表现出较好的身体动觉智能。催化效应就是一种智能能够促进另一种的发展。比如，音乐智能可以促使一名文学创作者写的文章更富有文采或诗词更富有韵律感。②

（二）多元智能理论对于高职复合型人才培养模式的启示

1.高职人才培养必须坚持德智体美劳五育并举

根据人才智能结构多样性的特点，高职院校人才培养应坚持德智体美劳五育并举、五育融合，注重多元智能共同发展。改变过去基于某一专业领域开展单一教学的模式，组织开发特色专业群和课程群，开展丰富多彩的科技类、艺术类活动、校园文体活动、企业工匠进校园活动、美育活动和劳动实践活动，尤其是中华优秀传统文化活动和思想道德教育活动等，注重培养学生的家国情怀、职业道德和职业精神，丰富学生人文情怀，锻

---

① 霍华德·加德纳.智能的结构[M].北京：中国人民大学出版社，2008.
② 陈杰琦.多元智能理论应用中需澄清的三个问题[J].人民教育，2004（22）：10-12.

炼意志品质，培养学生的创新意识和综合素质。

2.高职人才培养应注重培养学生的创新能力和复合能力

根据多元智能理论，高职院校的人才培养工作应高度关注学生的个性与职业、兴趣与专业之间的匹配研究，给予学生根据兴趣选择专业和课程的机会，通过对学生的智能类型准确定位，针对学生的兴趣和发展规划实施分类培养和差异化教学。高职人才培养目标定位从单纯注重培养学生的专门技能和专业能力向注重培养学生的创新能力、复合能力方向发展，甚至由单纯针对职业岗位扩展到着眼于整个职业生涯。

3.高职人才培养应树立整合性课程观

如果教育的目的是最大限度地开发学生的潜能，并把这些潜能转化为行为的表现，那么高职复合型人才培养模式起到的正是这种催化效应，因为整合性课程、项目课程和综合性的项目教学活动是使不同智能之间的催化效应发挥作用的最有效方式，可以促使相关知识要素进行交叉互融，能够通过不同领域知识的碰撞产生新的思维逻辑和创新能力萌发点，形成人才能力结构的多元，有利于学生更好地解决实际问题。

4.发现每个学生的优质个性，实施因材施教

多元智力理论强调个体之间的差异以及潜能的发挥，每个人的发展都有其独特性和差异性。高职院校要树立"系统培养、多样成才"的人才培养观念及目标，积极与行业企业、中职学校、普通高校和其他高职院校等开展深入合作，推进中等和高等职业教育有机衔接，加强职业教育与普通教育有效融通，关注学生基础能力的差异及个性化发展需求，为学生成长成才提供多样化的选择。同时，复合型人才培养应该重视在人才培养过程中发现每个学生的优质个性，充分关注学生的个体差异，根据学生的不同特点和需求，制定个性化的培养方案或课程方案，并进而因材施教，提供多样化的选修课程和个性化的教学资源，为学生提供专业发展建议，指导学生做好职业生涯规划，让每个学生都能得到最大限度的发展和提高。学生应制定个性化的学习目标，突出不同能力素质的"有机"结合，做到个性、爱好、志趣、学习和未来工作有机结合统一。

5.改革评价方式，选择多元化、个性化的评价方式

鉴于人的智能结构不是单一的能力，而是由多种能力综合构成的，因此，人才培养不能用单一的评价方式评价学生，而应该选择多元化的评价方式，有效评价才能够真正反映一个学生的真才实学、真实状况、真正水平。复合型人才培养模式的评价指标和评价方式应该是多元化、个性化的，将"人"从传统的、单一的卷面考试中解放出来，改为开放式的、多样的考试形式，注重过程性和实操性的考核方式，将过程性评价、增值评价与形成性评价相结合。

四、基于能力本位的职业教育理论

（一）基于能力本位的职业教育理论的基本内涵

职业能力是个人将所获得的知识、经验、技能和态度在特定的职业活动或情景中进行类化迁移与整合所形成的能完成一定职业任务的能力，也是人们从事某种职业的多种能力的综合。职业能力具有能力品质的广泛性、职业岗位的变异性、技术技能的综合性、个人活动的重要性、继续教育的终身性等主要特性。个体职业能力的高低取决于专业能力、方法能力和社会能力三要素整合的状态。专业能力是指具备从事职业活动所需要的专门技能及专业知识，要注重掌握技能、掌握知识，以获得合理的知能结构。方法能力是指具备从事职业活动所需要的工作方法及学习方法，要注重学会学习和学会工作，以养成科学的思维习惯。社会能力是指具备从事职业活动所需要的行为规范及价值观念，要注重学会共处、学会做人，以确立积极的人生态度。专业能力、方法能力和社会能力三要素的整合结果决定着个体在动态变化的职业生涯中的综合能力。当职业岗位发生变更，或者当劳动组织发生变动的时候，个体不会因为原有专门知识和技能的老化而束手无策，而是能在变化了的环境里积极寻求自己新的坐标起点，进而获得新的知识和技能。这种善于在发展与变革中主动应对的定位能力被称为关键能力，这已成为世界职业教育的共识。

著名职业教育研究专家姜大源先生提出，职业教育的培养目标，绝不是被动的知识存储器，也不是被动的技能机器人。一个生物人只有经过职业教育才能成为一个社会所需要的职业人，但又不仅仅是一个纯粹的职业人，而是一个要生存、要发展的社会人。[1]能力本位的职业教育，要求学习主体在学习中有意识地掌握三个相互依存而有机联系的本领：一要学会独立地制订计划，这是一种预测性和诊断性的工作训练；二要学会独立地实施计划，这是一种过程性和形成性的工作训练；三要学会独立地评估计划，这是一种总结性、反馈性的工作训练。能力本位的职业教育，特别强调个体在生存与发展的社会体系中，对由学科体系所获得的理论知识与由行动体系获得的实践经验，必须通过反思性思维使其内化，进而转化为能力，这是一种经由"获取—反思—内化—实践"的反思性实践过程形成的、与人才类型无关的、不能脱离个体而存在的本领。

（二）基于能力本位的职业教育理论对于复合型人才培养模式的启示

1. 充分认识到关键能力对于学生未来生存和发展的重要作用

高等职业教育要把职业对人的要求作为教育展开的逻辑起点，而职业能力是联系职业要求与教育内容的纽带，因此，在复合型人才培养模式中，要建立以能力本位课程为主体的多元化课程体系，重视培养学生的关键能力，直接通过对完成岗位任务所要运用的知识和技能的学习来培养学习者做事的能力，从而实现职业能力培养效果最大化。

---

[1] 姜大源. 职业教育[M]. 北京：北京师范大学出版社，2017.

2. 高职教育迫切需要寻找新的模式或载体实现能力三要素培养的整合

职业世界和生产技术发展迅速，职业岗位不断变迁，新知识和新技术不断取代旧知识和旧技术，这意味着劳动者只有具备适应工作的基本素质、跨专业的综合能力和职业创造能力，才能适应新的职业世界。适应工作的基本素质、跨专业的综合能力和职业创造能力的基础，是方法能力和社会能力。从人才培养现实来看，专业能力、方法能力和社会能力的培养是相伴生的，不能割裂，高职院校迫切需要寻找一种新的模式或载体将三种能力培养统整起来。

3. 基于能力本位的职业教育理论为高职课程与教材改革提供理论支撑

基于能力本位的职业教育理论是高职课程与教材面向工作过程改革转型的理论依据。高职课程与教材设计应突出从"知识课堂"向"能力课堂"的转型，以专业能力、方法能力和社会能力为依据进行课程与教材框架结构设计，建设能力本位课程将有助于解决课程内容与实际工作岗位脱节的问题。

五、通识教育理论

（一）通识教育理论的基本内涵

通识教育作为一种教育理念，其来源是古希腊亚里士多德的自由教育或博雅教育，由人文主义教育发展而来。文艺复兴时期，意大利教育家弗吉里奥（Pietro Paolo Vergerio）率先阐述了人文主义教育的理想，即培养身心全面发展的人。19世纪自由教育的伟大倡导者赫胥黎认为，自由教育是文理兼备的教育，受过这种教育的人应具备有关大自然的各种基本规律和知识，其智力可适应不同类型的工作。[1]1945年，哈佛大学校长科南特再

---

[1] 托·亨·赫胥黎. 科学与教育[M]. 北京：人民教育出版社，2005.

次倡导实行通才教育，并在哈佛进行了课程改革。此后，世界各国的大学纷纷借鉴哈佛大学的通识教育模式进行教育改革。

关于通识教育的内涵，在已有文献中的表述是多种多样的，迄今为止尚没有一个公认的、规范性的表述。布鲁贝克曾对通识教育作解释："它的目标是要培养全面发展的、有价值的人。教育本身和受教育这一状态就是普通教育的主要目的。而有用性，即使也很重要，但不过是一种副产品。如果作为培养一个全面发展的、有价值的人的结果，学生也成为国家或教会、企业或学校的一种财富，那也很好，但这种教育的主要目标决不能以这种结果为条件。"[1]我国学者李曼丽、汪永铨综合了国内外著名学者对通识教育内涵的50多种表述后，从性质、目的和内容三个角度对通识教育的概念内涵做了初步的建构。就性质而言，通识教育是高等教育的组成部分，是所有大学生都应该接受的非专业性教育；就其目的而言，通识教育旨在培养积极参与社会生活的、有社会责任感的、全面发展的社会人和国家公民；就其内容而言，通识教育是一种广泛的、非专业性的、非功利性的基本知识、技能和态度的教育。[2]我国高校在推行通识教育的过程中不断尝试探索适合本校的模式。总的来说，目前我国高校推行的通识教育模式主要有自由选课模式、核心课程模式、书院模式、名著选读模式及本书所研究的大类招生培养通识教育模式这五种。不同的通识教育模式具有不同的特点，如在通识选修课模式下，学生需要在学校的所有通识选修课课程中修满规定的学分；在核心课程模式下，学校会把通识教育课程按照课程的学科性质划分为几大类别，然后要求学生交叉修习不同领域的通识课程；在书院模式下，学校更多地强调学生的共同生活；名著选读模式是以制订经典阅读计划、开设经典阅读课程的形式来推行通识教育的模式。为培养学生健全的人格，拓展与完善学生的素质结构，造就更多有创新潜能的基础

---

[1] 布鲁贝克. 高等教育哲学[M]. 3版. 郑继伟，等，译. 杭州：浙江教育出版社，2001.

[2] 李曼丽，汪永铨. 关于"通识教育"概念内涵的讨论[J]. 清华大学教育研究，1999（1）：99-104.

扎实、知识面宽、能力强、素质高的复合型人才，目前全国许多大学都在调整课程设置，强化通识教育。在教学计划中规定和设计通识课的内容和学分比例，要求学生在完成本专业课程之外，选修一定比例的其他专业课程，包括供全校选修的通识课。通过引文入理、引理入文、文理渗透，使大学生的知识结构不仅具有知识的深度，而且具有一定的知识跨度，促进学生综合素质的全面提高，使学生知识、能力、素质得到和谐统一的发展。①

（二）通识教育理论对高职复合型人才培养模式的启示

1.通识教育模式有利于复合型技术技能人才培养

高职复合型人才培养的关键是要有广泛的专业知识基础，在拥有特定领域专业知识技能的基础上，跨越不同的专业认知结构，通过交叉关联异质知识进入不同的专业技术领域。根据通识教育模式，学校按照专业大类招生，学生入学 1~1.5 年后统一学习通识课程，打破原有的专业知识界限，拓宽学生的知识面与专业基础，为学生的多方面发展做好准备；然后再分流到不同的专业，可适当推迟学生的专业定向时间，同时提升专业的选择弹性。高职院校应开设跨专业的选修课程，允许学生跨专业、跨学院学习，打通相关专业，加强宽口径专业基础知识的学习，适应复合型人才培养的需要。想使学生成为一名合格的复合型人才，就必须使学生在校时学习与掌握人类社会发展的一般性、基础性、贯通性的知识，即我们常说的人在社会上生存与发展所必修的核心知识。

2.通识教育课程具有跨学科性，有利于培养复合型人才

通识教育课程都具有跨学科性，这样就打破了原有的专业知识界限，拓宽了学生的知识面与专业基础，为学生的多方面发展做准备。通识课程的深度和广度有利于复合型人才的培养，高职院校应该开设供全校选修的

---

① 黄江美.高校复合型人才培养模式改革的研究[D].南宁：广西大学，2008.

通识课程，为学生提供全面而系统的知识，提升学生的综合能力、创新能力，帮助高职学生形成批判性思维和独立思考能力，这对于高职复合型人才来说非常重要，因为高职复合型人才需要能够独立分析和解决复杂的问题，能够创造性地转换与适应环境，在今后的职业转换中具有较强的职业适应性。

3.加强通识课程与专业课程的融合，有利于培养复合型人才

高职复合型人才培养需要构建新的课程体系，加强通识课程与专业课程的融合，在"专"与"通"的平衡中提升课程的整合性和综合性，兼顾课程的系统性和灵活性。利用多种途径不断拓展学生的知识面，为学生提供全面而系统的知识，提升学生的综合能力、创新能力和批判性思维能力，提升学生解决实际问题的能力，使他们不仅成为已有职业和岗位的追求者，而且成为未来职业和岗位的创造者。高职人才培养加强通识教育，有利于帮助学生处理好传统与现代、科学与人文、全球化与本土化之间的关系，同时结合自己的具体情况养成全球视野与本土情怀，增强文化认同与文化自觉感，培育文化自主与文化创新意识。

六、建构主义理论

（一）建构主义理论的基本内涵

建构主义理论（constructivism）是认知心理学派中的一个分支。建构主义理论的一个重要概念是图式，图式是指个体对世界的知觉理解和思考的方式，也可以把它看作是心理活动的框架或组织结构。图式是认知结构的起点和核心，或者说是人类认识事物的基础。因此，图式的形成和变化是认知发展的实质，认知发展受三个过程的影响：同化、顺应和平衡。建构主义理论的内容很丰富，其核心观点是以学生为中心，强调学习者从经验中积极地构建自己的知识和意义，强调学习者对知识的主动探索、主动发现和对所学知识意义的主动建构。

建构主义的核心理论主要包括六个方面：一是知识是人们对客观世界的一种解释、假设或假说，并将随着人们认识程度的深入而不断地变革、升华和改写，出现新的解释和假设。真正的理解只能是由学习者自身基于自己的经验背景而建构起来的，取决于特定情况下的学习活动过程。二是学习不是由教师把知识简单地传递给学生，而是由学生自己主动建构知识的过程。学习过程不是简单的信息输入、存储和提取，是新旧知识经验之间的双向的相互作用过程，也就是学习者与学习环境之间互动的过程。三是学习者已经形成了有关的知识经验，他们对任何事情都有自己的看法，会基于以往的经验，依靠自身的认知能力，形成对问题的解释，提出假设。因此教学不能无视学习者的已有知识经验，简单强硬地从外部对学习者实施知识的"填灌"，而是应当把学习者原有的知识经验作为新知识的生长点，引导学习者从原有的知识经验中，生长新的知识经验。四是教师要成为学生建构知识的积极帮助者和引导者，应当激发学生的学习兴趣，引发和保持学生的学习动机。通过创设符合教学内容要求的情景和提示新旧知识之间联系的线索，帮助学生建构当前所学知识的意义，学生的角色是教学活动的积极参与者和知识的积极建构者。建构主义要求学生面对认知复杂的真实世界的情境，并在复杂的真实情境中完成任务，教师与学生、学生与学生之间需要共同针对某些问题进行探索，并在探索的过程中相互交流和质疑。五是学习者的知识是在一定情境下借助于他人的帮助，通过意义的建构而获得的。意义建构是教学过程的最终目标，建构的意义是指事物的性质、规律以及事物之间的内在联系。在学习过程中帮助学生建构意义就是要帮助学生对当前学习的内容所反映事物的性质、规律以及该事物与其他事物之间的内在联系达到较深刻的理解。六是把所有的学习任务都置于能够更有效地适应世界的学习中，教学目标应该与学生的学习环境中的目标相符合，教师确定的问题应该使学生感到就是他们本人的问题，设计真实的任务，给予学生解决问题的自主权，设计支持和激发学生思维的学习环境，鼓励学生在社会背景中检测自己的观点，支持学生对所学内容与学习过程的反思，发展学生的自我控制的技能，让学生成为独立的学习者。

在基于建构主义学习环境的教学模式中，学生是知识意义的主动建构者，教师是教学过程的组织者、指导者，意义建构的帮助者、促进者；教材所提供的知识不再是教师传授的内容，而是学生主动建构意义的对象；媒体也不再是帮助教师传授知识的手段、方法，而是用来创设情境、进行协作学习和会话交流，即作为学生主动学习、协作式探索的认知工具。显然，在这种场合，教师、学生、教材和媒体四要素与传统教学相比，各自有完全不同的作用，彼此之间有完全不同的关系。但是这些作用与关系成为教学活动进程的另外一种稳定结构形式，即建构主义学习环境下的教学模式。在建构主义的教学模式下，目前已开发出的、比较成熟的教学方法主要有三种：支架式教学、抛锚式教学和随机进入教学法。

（二）建构主义理论对高职复合型人才培养模式的启示

建构主义理论认为，学习是个体在特定环境中通过自己的活动和经验建构知识的过程。建构主义理论对于复合型人才培养模式的理论支撑主要表现在以下几个方面：

1.高职复合型人才培养要激发学习者的学习兴趣和动力

建构主义理论强调学生的主体地位，即学生在学习过程中是积极主动的，而不是被动接受知识的容器。这为复合型人才培养模式确立"以人为本"的人才培养理念提供了理论支撑。根据建构主义理论，在复合型人才培养工作中，高职院校要以学生为本，尊重学生个性，采取探究式、合作式教学方法，发挥学生的积极主动性和能动性，自我发展、自我成才，实现学生的个性化发展。教学设计应注重激发学习者的学习兴趣和学习动力，激发他们跨学科学习的兴趣，这对其创新能力的培养也具有积极影响。学校必须提供平台、环境和资源，让学生可以积极地参与到跨领域、跨学科、跨专业知识的学习过程中。

2.建构主义理论为复合型人才培养提供理论支撑

建构主义理论认为，知识的建构是一个动态的过程，需要不断地进行调整和完善，意义只能是自己积极建构的，因而必须强调学生在建构知识及其意义过程中的主动性，其中包括心理的自我调控和经验的自我组织。但无论是强调技能训练的行为主义，还是强调客观知识学习的认知主义，都无法为复合型人才的培养提供理论基础，相反，复合型人才是具有一定创造性的自主型劳动者，建构主义和情境理论强调真实情境中学习过程的主动建构；强调学习结果的弹性，鼓励学生的自我管理、自我调节，鼓励学生加强自我意识，能为之提供很好的理论支撑。因此，高职复合型人才培养需要注重知识的建构过程，为学习者提供更多的自主学习机会和资源，让他们能够不断地积极建构和完善自己的知识体系。

3.复合型人才培养要为学生提供真实的职业环境进行学习

建构主义要求学生面对认知复杂的真实世界的情境，并在复杂的真实情境中完成任务，教师与学生、学生与学生之间需要共同针对某些问题进行探索。建构主义理论还强调了实践在教育中的重要性。知识的获得是学习者与学习情境相互作用的一个过程，通过互动促使旧知识不断更新、完善；知识建构的关键是学习者参与实践，只有实践才是检验前期所获知识效用性的唯一标准。实践锻炼是建构学习获得意义的充分条件。学习者只有具备丰富的实践经验，才能更出色地胜任岗位要求。因此，高职院校的人才培养必须为学习者提供真实的职业环境，注重实践教学，通过产教融合、校企合作开展生产性实训和顶岗实习，校企合作共建实训基地，以真实的企业项目为载体培养复合型人才。

4.确立师生的主体关系，注重知识增长与人的发展的相互建构性

建构主义理论认为，师生之间的互动、学习者之间的合作学习都可以促进知识的建构和理解。高职复合型人才培养需要确立师生的主体关系，注重知识增长与人的发展的相互建构性，使课堂变为师生体验生命意义的场所，采取探究式、合作式教学方法，促进学习者之间的合作学习，为学习者提供更多的合作学习和交流机会，让他们能够相互学习和交流，共同提高。

第三章
PART THREE

国内外高职人才培养主要模式比较分析

第一节 我国高职人才培养主要模式比较分析

一、我国高职人才培养主要模式

在学习借鉴发达国家人才培养模式研究成果与实践经验的基础上，结合本国国情进行创新，形成了具有中国特色的高职人才培养主要模式：产学研结合的人才培养模式、"订单式"人才培养模式、"工学交替"人才培养模式、中国特色现代学徒制人才培养模式，以及中高职贯通人才培养模式、高职本科贯通人才培养模式等。

（一）产学研结合人才培养模式

我国的产学研结合人才培养模式是从20世纪80年代开始的，主要是在学习和借鉴德国的"双元制"模式的基础上逐步形成的。产学研结合人才培养模式是学校与企业分工协作，理论教学以学校为主，技能培训和实践教学以企业为主，理论与实践紧密结合，校企合作培养技术应用型人才的一种职业技术教育模式。产学研是高等学校为实现其社会职能，本着平等互利、优势互补、资源共享、共同发展的原则，与社会其他主体所进行的高等教育与科学研究、生产发展相结合的多角度、多形式的交流与合作的现代办学模式。由于我国的国情和高职教育的实际情况，许多高职院校根据区域经济和企业发展实际，结合学校实际，对产学研结合模式的实践进行了艰苦的探索，形成了符合我国特点的人才培养模式。产学研合作教育是一种以培养学生的全面素质、综合能力和就业竞争能力为重点，充分利用学校与企业、科研单位等多种不同的教育环境和教育资源以及在人才培养方面的各自优势，把以课堂传授知识为主的学校教育与直接获取实际经验、实践能力为主的生产、科研实践有机地结合于学生的培养过程之中的教育形式。

具体来说，产学研结合模式主要有以下几种形式：第一，有校办产业基础的学校，把人才培养与校办产业的发展统筹起来。学生进入校办产业学习和进行技能训练。第二，校企合作，依托企业建立学生实训基地，加大学生实践教学的比例，分阶段进入企业进行生产性实习，以提高学生的技术应用能力。第三，引进企业到学校创办生产性实习工厂或学校自办实习工厂，为学生提供生产性实习场所，实现产学结合方式。第四，引进职业资格培训和技能鉴定体系，实行双证制，推进学生职业技能的形成。第五，建立科研与人才培养相互促进的联动机制，开展应用研究和技术开发，以提升高职院校办学水平和教育质量。进行实用技术开发，提高校办产业科技水平。同时，开展应用研究，为高新技术产业化作贡献。推动产学研人才培养要素的互动，为培养高职人才创造条件。

（二）"订单式"人才培养模式

"订单式"人才培养模式是学校根据用人单位的标准和岗位要求，与用人单位共同确定培养目标，制订并实施教学计划，实现人才定向培养的教育模式。"订单式"人才培养模式建立在校企双方相互信任、紧密合作的基础上，就业导向明确，企业参与人才培养程度深，能极大地调动学校、学生和企业的积极性，提高人才培养的针对性和实用性，实现学校、用人单位与学生的"三赢"。"订单式"人才培养模式的实质是校企合作共同培养人才，以市场需求和学生的职业能力为出发点，实现生产和教学有机结合，加强校企合作育人，使高职院校能更好地为经济建设服务。"订单式"人才培养模式特别强调"订单"在其中的关键表征作用,"订单"培养的人才是为企业"量身定做"的,对于企业而言,签订"订单"的最根本目的是要求学校培养出符合企业需要的高素质的技术技能人才,降低人才引进的风险,促进企业用人质量的提高,因此,为了使毕业生符合职业岗位的工作要求,学校方面进行教学改革,同时企业也要按照协议约定安排学生到企业实习实训,并解决毕业生的就业问题。订单班的学生前两年在学校学习,校内教学以理论课为主,辅以实验、实习等实践性教学环节,通过强化专业技能训练提升学生的专业实践能力;第三年学生进入企业,在企业顶岗实习6个月,以顶岗实习为主,同时学习部分专业课,结合生产实际选择毕业设计项目,并在学校、企业指导教师的共同指导下完成毕业设计,经企业考核合格的学生就可以直接录用到企业成为正式员工。

"订单式"人才培养模式根据企业参与人才培养的程度,可以分为三类:间接"订单"、松散型、紧密型。"订单式"人才培养模式具有自己的特征:一是人才培养目标和标准明确。校企双方签订人才培养协议及就业协议,为"订单式"人才培养实施提供保障。人才培养的目标、规格一般由校企共同商定,在人才培养目标的确定上,用人单位占主导地位。二是校企合作共同培养人才,实现共建、共享和共赢。校企双方共同制定人才培养方案、共建实训基地、共同开发课程和教材等,共同实施人才培养方案,企业参与人才培养过程的管理,校企双方充分整合教育资源,实现资源共享的最大化,学校可以充分利用企业的场地和设备培养学生的实践能力。三是毕业生就业的定向性。企业参与人才培养质量评价,按照协议约定,安排合格毕业生就业,因此,"定向就业"是"订单式"人才培养模式区别于其他产学研结合人才培养模式的最大特征。四是"订单"学生走上工作岗位后上手快、适应期短,能较快地适应实际工作,尽管培养出来的学生具有很强的针对性和实用性,但是其适应性相对较弱。这是我国自实施工学结合教育模式以来形成的一种典型的"按需施教""量身定做"人才的培养模式。

(三)"工学交替"人才培养模式

工学交替是工学结合的一种具体实现形式,是职业院校为了实现人才培养目标实行的学生校内学习理论知识与校外实践工作交替进行的一种教育模式。工学交替依据"实践—理论—再实践"的认识规律,学校和企业紧密合作,高职院校根据企业的要求有针对性地训练学生,通过"实践—理论"的多次循环反复,逐步深入,不断提高学生对知识掌握的深度和将知识运用于实际的能力。

工学交替人才培养模式以企业为依托,充分体现学校与企业共同育人的宗旨,学生实习相对集中,便于管理。工学交替模式具有以下特点:一是强化技能训练,技能训练贯穿人才培养全过程,做到技能训练几年连续不断线,坚持做中学、学中做,采用行动导向教学法,以真实项目为载体实施教学,充分重视职业素质培养,在技能训练中运用项目驱动教学法等,使学生获得就业所需的基本技能和综合能力。二是毕业与就业"无缝对接",工学交替人才培养模式重视理论和实践相互促进、相互协调,理论教学和实践教学环节交替安排,把系统理论在工作实际中予以实践,并且从理论方面对实践工作提出合理化的建议和措施,学生在实践中找出自身技能与企业岗位需要之间的差距,了解企业实际需求,熟悉岗位工作的基本环节,提前适应企业环境,学生为工作做好了必要且充分的准备,缩短了从学校到企业工作的心理转型期,实现毕业与就业"零过渡"。三是工学交替模式下的高职教学是在两种学习环境中实施的,把在企业生产车间的实践教学环境和学校的学习环境有机结合在一起,学生在企业车间里不仅仅是技术的学习者,也是技术应用者。四是企业参与教学过程,做到厂校联合、产学结合。企业在学生实习期间,每周安排企业工程师指导实习,作为学生的师傅,企业工程师结合岗位情况给学生开设专业技术课和专业基础课。在实践中应用工学交替模式的学校比较多,其模式运用也比较灵活。

(四)中国特色现代学徒制人才培养模式

现代学徒制是我国教育部于 2014 年提出的一项旨在深化产教融合、校企合作,进一步完善校企合作育人机制,创新技术技能人才培养模式,通过学校、企业深度合作,教师、师傅联合传授,以技能培养为主的现代人才培养模式。现代学徒制这一概念来源于西方国家。1993 年,英国正式提出现代学徒制概念。西方发达国家十分重视现代学徒制,并有完善的配套政策和法律体系,形成了较为成熟的培养模式。德国的"双元制"、澳大利亚的"新学徒制"、英国的"三明治",都是现代学徒制在各个国家的具体实践。因此,把现代学徒制纳入现代职业教育体系,是职业教育发展的必然趋势。2013 年,我国东南沿海城市出现严重的"用工荒"问题,时任教育部副部长鲁昕召开职业教育改革座谈会,首次提出"现代学徒制",希望政府、企业、行业参与职业教育,培养符合用工市场需求的技能人才,缓解东南沿海城市用工短缺问题。2019 年国务院印发的《国家职业教育改革实施方案》(国发〔2019〕4 号)明确指出"总结现代学徒制和企业新型学徒制试点经验""促进产教融合校企'双元'育人"[1]。其目的就是推动职业院校和行业企业形成命运共同体,从根本上解决高职院校教育教学与生产实际需求相脱节等问题,提高人才培养质量,以便更好地满足经济社会发展及产业转型升级对人才需求的客观要求。我国已布局了 409 个高职院校牵头的现代学徒制试点,每年惠及近 6 万名学生(学徒)。[2]探索"招生即招工、入校即入厂、校企联合培养"的现代学徒制培养模式与普通大专班和以往的订单班、冠名班的人才培养模式不同,现代学徒制更加注重技能的传承,由校企共同主导人才培养,设立规范化的企业课程标准、考

---

[1] 中华人民共和国中央人民政府网.国务院关于印发国家职业教育改革实施方案的通知[EB/OL].(2019-02-13).https://www.gov.cn/zhengce/content/2019-02/13/content_5365341.htm.

[2] 谢俐.中国特色高职教育发展的方位、方向与方略[EB/OL].(2019-04-08).http://www.moe.gov.cn/jyb_xwfb/xw_zt/moe_357/jyzt_2019n/2019_zt8/zjjd/201904/t20190424_379347.html.

核方案等，体现了校企合作的深度融合。现代学徒制强调学校本位学习与企业本位学习的资源整合，其核心理念是"校企合作、工学结合"，把学校招生和企业招工有机结合，形成学校、企业双元育人主体。校企双元主体育人积极性的发挥，需要充分发挥政府的统筹协调作用，寻找职业院校与企业间的利益共同点，为实施现代学徒制搭建各个层面的平台。"校企双主体、学生双身份、招生即招工、双导师团队、双协议"等是现代学徒制的基本内涵，校企双方通过共同组建组织机构、共同制定试点工作方案，共同确定人才培养目标，共同开发专业课程，共同参与教育教学模式改革，共同完成人才培养评价等各个环节，实现校企在人才培养、资源共享、技术服务、员工培训、师资培养等方面的深度合作。

2022年5月正式实施的《职业教育法》明确指出："国家推行中国特色学徒制，引导企业按照岗位总量的一定比例设立学徒岗位，鼓励和支持有技术技能人才培养能力的企业特别是产教融合型企业与职业学校、职业培训机构开展合作，对新招用职工、在岗职工和转岗职工进行学徒培训，或者与职业学校联合招收学生，以工学结合的方式进行学徒培养。有关企业可以按照规定享受补贴。企业与职业学校联合招收学生，以工学结合的方式进行学徒培养的，应当签订学徒培养协议。"[①]在政府的大力倡导下，各高职院校纷纷进行现代学徒制试点。苏州工业园区职业技术学院选取特定专业与德国博世公司开展学徒制培训合作；广东中英职业教育交流会上签署为期三年的中英职业教育"现代学徒制试点"合作协议，选择在广东职业院校和行业企业试点现代学徒制等，都是中国职业教育体制与发达国家成功的现代学徒制模式相结合的一系列成功探索。广州铁路职业技术学院多个专业与企业合作探索现代学徒培养模式。从2015年开始，计算机应用技术专业与国家数字家庭服务基地下的多个企业合作，按照"2+1""0+2"模式培养现代学徒。2014—2016年，机电设备维修与管理专业与广州南车

---

① 中华人民共和国中央人民政府网. 中华人民共和国职业教育法[EB/OL].（2022-04-21）. https://www.gov.cn/xinwen/2022-04-21-content_5686375.htm.

城市轨道装备有限公司（现用名广州中车轨道交通装备有限公司）合作，按照"0.5+1.5"模式培养现代学徒；涉外旅游专业与美国万豪酒店国际集团旗下的中国大酒店合作，按照"1+1"模式培养现代学徒；应用电子技术专业与深圳天马微电子有限公司合作，按照"1+1"模式培养现代学徒；电气化铁道技术专业与广铁集团下的供电段合作，按照"2+1"模式培养现代学徒。

（五）中高职贯通人才培养模式

2010年以后，一种新的职业教育模式开始在我国出现并迅速扩展开来，即贯通培养模式。贯通培养模式的出现不仅仅是为了解决中等职业学校的发展问题，更为重要的是让人们越来越认识到，一个学制层次已无法提供技能人才培养所需要的充足时间，即使职业专科教育也是如此。中高职贯通一体化人才培养模式，是将中等职业教育与高等职业教育纳入一体产生聚集效应，按照"高职带中职、中职挂高职、中高职抱团"发展，做到高职与中职专业、与职业岗位、与地方经济建设人才需求相衔接，整合中职学校和高职院校教育资源，分阶段对中高职学生实施中等和高等职业教育，使学生掌握从事本专业领域实际岗位工作的技术应用能力和就业竞争力，成为具有良好职业道德的高素质劳动者，向区域经济建设培养高素质应用型、技艺型、创新型、创业型技能人才的人才培养模式。中高职贯通一体化人才培养模式经历了多年的实践，已经形成了多种衔接模式，包括五年一贯制、中高职"3+2"衔接、中职和高职的"3+3"模式等。中高职贯通培养以其有效教学时间长、学生学习效果好而使办学质量有了保证，但中高职贯通培养的试点专业必须是行业岗位技术含量较高、专业技能训练周期较长、熟练程度要求较高、社会需求量较大且需求较稳定、适合中高职培养目标相互衔接贯通的专业。

(六) 高职本科贯通人才培养模式

高职本科贯通人才培养模式是为了培养适应经济社会发展需要的高素质技术技能人才，探索本科层次职业教育实现形式，完善高层次技术技能型人才培养体系，深化复合型技术技能人才培养模式改革，探索建立校校企三方合作协同培养高素质技术技能人才的新机制，提高高等教育服务区域经济社会发展的能力和水平。

高职院校要与本科学校按照"产教融合、专业对接、课程衔接、专本一体、协同育人"的总体思路，通过校校合作、校企合作，合作办学、联合培养，发挥本科学校的学科优势、师资优势以及高职院校的实训实习等教学资源优势，实现优势互补、资源共享，实现强强联手培养高素质技术技能型人才目标。以广东省探索高职本科贯通人才培养模式为例，高职院校与本科学校合作培养人才有"0+4""3+2"和"2+2"三种模式。高职院校要与本科学校共同制定试点专业高本衔接人才培养方案，单独编班，合理设置梯次递进、内容衔接的课程体系，优化课程结构；共同组成教学团队组织实施教学，联合相关的公司或企业携手办学，建立符合我国社会经济发展现状和当代高职院校学生学情特征的现代职业教育体系，在办学平台、教育理念、学情分析、师资队伍建设、社会大局观的形成等方面进行积极思考，改革创新，创立具有自身区域特色和办学特点的高本贯通人才培养模式。

二、我国高职人才培养主要模式比较分析

目前，我国高职院校办学实践均存在上述六种模式，特别是"订单式"人才培养模式、现代学徒制人才培养模式和产教融合人才培养模式，已成为我国高职教育领域以政府为主导、学校和企业为育人主体、校企共同实施的人才培养模式，并在实践中不断丰富和完善。以往单一的高职院校人才培养模式已不能适应经济社会发展对技术技能人才培养的要求。高职院

校人才培养模式与普通本科学校人才培养模式相比，两者既有共性，又有各自的特殊性。以上六种高等职业教育人才培养模式与高等职业教育基本特征相匹配，这些特征包括高职教育价值取向的务实性、培养目标的职业性、课程内容的实用性、教学过程的实践性以及教师队伍的跨界性。高职人才培养模式的构建和完善向着综合化、多样化方向发展。人才培养模式多样化是高职教育高质量发展的必然选择，也是在高等教育从精英教育向大众化教育转变的大背景下，我国社会经济现状及其发展的必然要求，是学生个体全面发展的必然需要。创新人才培养模式是高等职业教育改革的难点和重点，需要对国内现有高职人才培养模式进行综合、拓展、深化与创新。

第二节 国外高职人才培养主要模式及比较借鉴

西方发达国家的职业教育形成了独具特色的个性化人才培养模式，形成了良好的职业人才培养产学合作制度。了解国外高职人才培养主要模式的发展过程、主要特点与人才培养机制，可为我国高等职业教育建构复合型人才培养模式提供经验。

一、国外高职人才培养主要模式

（一）德国"双元制"模式[①]

德国的"双元制"人才培养模式，即学校与企业共同合作完成人才培养任务，形成于19世纪中后期。随着工业化的开始，传统的学徒培训在提高学徒文化的知识素质及适应需求方面日益显现出其弊端。因而，有不少城市明确要求学徒有义务到职校接受必需的理论知识学习。1900年，青少

---

① KIESEWETTER H. Industrielle revolution in Deutschland：Regionenals Wachstum-asmotoren[M]. Stuttgart：Franz Steiner Verlag，2004.

年的学徒期进修被学校定为义务教育，并决定让企业参加职业培训，承担培训的主要责任。与此同时，又用职业学校教育补充企业实训，两者相互合作，相互补充，形成职业教育的"双元制"。德国是目前世界上经济和科学最发达的国家之一。在德国，职业教育被视为政府、社会、企业与个人的共同行为，是德国企业生存与竞争的基础，是个人生存与发展、感受自身价值和得到社会承认的重要前提。德国人把职业教育看作对青年一代的投资、对未来的投资，不仅向青年传授未来职业所必需的知识和技能，而且还为青年的自身发展创造条件，使其具备发展的良好素质基础。德国的"双元制"是学校与企业分工协作，以企业为主；理论与实践紧密结合，以实践为主的一种职教模式。"双元制"是德国职业技术教育的主要形式，其根本标志是学生在企业（通常是私营的）中接受职业技能培训的同时，有部分时间在职业学校（公立的）中接受包括文化基础知识和专业理论知识在内的义务教育，职业技术教育经费来源于企业培训经费和各级政府负担的学校费用。

"双元制"的内涵主要包括六个方面：①"双元制"的教学主体。"双元制"具有企业和学校两个教学主体，"双元制"培养是企业和职业学校分工协作的，且以企业培训为主，通过学校与企业之间理论和实践交替进行以及密切的校企合作达到知识转化为能力的目的。企业选拔学生，与其签订3年培训协议，期间为学生提供津贴。大学生同时也是培训生，培训生在企业接受培训的时间约占整个培训时间的70%。企业培训主要是使受训者更好地掌握"怎么做"的问题，企业积极主动参与高职教育，企业内有专门为培训设置的实习车间和实际的生产车间；②"双元制"的教学实施。"双元制"模式的教学是学校理论学习与现场培训交替进行，注重岗位技术和方法经验、能力的培养。60%~70%的课程在企业中进行，如生产岗位、培训中心、跨企业培训中心；30%~40%的课程在职业学校进行。企业职业培训所遵循的法律基础是《联邦职业教育法》，教学是按照《职业培训条例（实训大纲）》组织实施的，必须严格按照条例规定的内容进行培训，尤其是要使受训者在三年到三年半的时间内具有一种熟练的从业能力；职业学校的组织、管理则由各州负责，其法律基础是各州的"学校法"或《职业义务教育法》，职业学校按照《理论教学大纲》组织教学。③"双元制"受训者具有双重身份：企业学徒和职校学生。学生在企业学习时的身份是学徒，受训者与企业签订的培训合同中明确规定了其所应履行的权利和义务。而在职业学校，他们是学生，接受义务教育中最后三年时间的教育。④"双元制"课程。"双元制"课程偏重应用研究，坚持职业能力与科研能力并重的培养策略，专业能力与跨专业能力培养并重。"双元制"课程开发由多方参与，包括企业专家、政府及社会机构和团体。课程开发的指导思想是使学生具备职业综合能力，即"关键能力"，包括专业能力、方法能力和社会能力。德国在"双元制"课程模式基础上进行第二次教育革命，进一步提出"学习领域"课程方案，即工作过程导向的课程改革，明确提出了理论与实践一体化，通过整合来掌握工作过程知识，以职业的工作过程为依据，建立知识与工作之间的联系，突破以往所倡导的"实践主导，理论够用"的命题，真正达到培养学生综合职业能力的目的。⑤"双元制"的师资。"双元制"有实施技能培训的企业实训教师和实施理论教学的职校理论教师两类师资。企业实训教师一般是完成"双元制"职业培训后具有五年以上职业实践经验的"师傅学校"的毕业生或者是经"双元制"培训后具有两年以上实践经验的各类"专科学校"的毕业生。职校理论教师必须通过两次国家考试，大学毕业时通过第一次国家考试，在大学必须在与所学专业同行业的企业中实习至少 12 个月；然后进行为期两年的预备期学习，并通过第二次国家考试，考试内容包括教学论文、上课、口试以及教育学院院长、职业学校校长对预备期教师的考核。⑥"双元制"的两类考试。受训者经过三年或三年半培训，最后参加由工商协会或手工业协会统一命题的结业考试。为了确保考试的客观性和不受培训机构影响的独立性，"双元制"考试由行业协会设立的考试委员会独立承担。

（二）以美国、加拿大为代表的 CBE 模式

CBE（Competency Based Education）一般译作"以能力为基础的教育"或能力本位教学模式，是基于以强调岗位能力为核心的能力本位教育思想而形成的，是围绕职业工作岗位所要求的知识、技能和能力组织课程与教学的教育教学模式，其核心是从职业岗位的需要出发，确定能力目标。通过学校聘请行业中一批具有代表性的专家组成专业委员会，按照岗位群的需要，层层分解，确定从事行业所应具备的能力，明确培养目标。然后再由学校组织相关教学人员，以这些能力为目标，设置课程、组织教学内容，最后考核是否达到这些能力要求。CBE 产生的理论基础是 20 世纪 50、60 年代出现的系统论、行为科学、教育目标分类学和美国教育学家布鲁姆的教育思想，这些研究认为人的需要、动机、信念、态度与期望在人的行为中起着至关重要的作用。

20 世纪 70、80 年代，以能力为基础的 CBE 教育模式应运而生，主要流行于加拿大、美国、英国、澳大利亚等发达国家，20 世纪 90 年代初逐渐在各国推广。由于各国或各学校对能力本位教育的理解不同，所以在实践中的具体做法也不尽相同，因而能力本位教育在不同地区或机构被视为一种"学习过程的管理""职业技术教育的系统开发计划""课程开发模式"或"教学模式"。实施 CBE 模式，分为多个工作程序：①进行职业分析，形成 DACUM（Develop a Curriculum）图表。②进行能力分析，从事某项工作或职业必须具备各种能力（一般由 1~12 项综合能力构成）。③确定学习者准入条件。④进行知识性任务分析，确定掌握专项能力需要学习的知识领域。⑤设计课程目标。⑥进行学习任务排序。⑦进行成就测验。⑧进行笔试测验。⑨开发学习包。⑩进行实验。⑪开发管理学习系。学习者可以在任何时间，根据自己的需要，自定学习步调，按照不同顺序完成学习任务。该模式以全面分析职业角色活动为出发点，以提供产业界和社会对培训对象履行岗位职责所需要的能力为基本原则，强调学员在学习过程

中的主导地位,其核心是如何使学员具备从事某一职业所必需的全部能力。这里的"能力"不是操作能力、动手能力,而是一种综合职业能力,包括知识、态度、经验和反馈四个方面。这四个方面的要求都能达到就构成了一种专项能力,以一个学习模块的形式表现出来,6~8项专项能力构成一种综合能力,8~12项综合能力构成一种职业能力,CBE强调的是综合素质分层次的提高和能力的复合。CBE是以从事某一具体职业所必须具备的能力为出发点来确定培养目标,设计教学内容、方法和过程,评估教学效果的一种教学思想与实践模式。

CBE模式具有四个特点:①以岗位(岗位群)的职业能力为教育的基础,并以之作为培养目标和评价标准;以通过职业分析确定的综合能力作为学习的科目,以职业能力分析表所列专项能力的由易到难的顺序安排教学和学习计划。②以能力为教学的基础。根据一定的能力观分析和确定能力标准,再将能力标准转换为课程,通常采用模块化课程教学。③强调学生的自我学习和自我评价。以能力标准为参照,评价学生多项能力,即采用标准参照评价而非常模参照评价。每一个学生可以有不同的学习计划、学习期限和结业实践,在学习方式上强调自我学习,按学习单元考核,及格者继续下一阶段的学习。学生在完成自己的学习目标后进行自我评价,认为达到要求后,由教师进行考核评定。④教学的灵活多样和管理的严格科学。CBE课程不统一学习内容和学习进度,而是强调采用适应学生个体差异的个别化教学,不同的学习者可以有不同的课程。CBE模式是模块加学分的课程运作方式,不同学生可以根据需要选择不同的学习模块,制定不同的课程方案。

(三)以澳大利亚为代表的TAFE模式

以澳大利亚为代表的人才培养模式TAFE(Technical and Further Education),是一种国家框架体系下以产业为推动力量的,政府、行业与学校相结合,以学生为中心进行灵活办学的,与中学和大学进行有效衔接的、相对独立的、多层次的综合性人才培养模式。TAFE 产生的背景是 20 世纪 80 年代，因为贸易状况的恶化和原来传统的支柱产业的衰落，澳大利亚的经济受到了严重的影响。在促进经济振兴和工业重建的过程中，澳大利亚政府意识到了改革职业教育与培训体系、扩大培训对象、提高培训绩效的重要性。1989 年 4 月，澳大利亚就职业培训问题召开了各州、区部长级特殊会议，达成了改革共识，成立了国家培训部，由其指导开发国家能力标准，并建立了以能力为基础的教育培训体系。TAFE 的课程设置中不设公共基础课，这不同于"双元制"中包括普通知识的学习，而只设专业基础课和专业课。TAFE 的专业课程多，每门课的课时少，必修课与选修课共存。TAFE 的人才培养途径非常灵活，可以根据自己的工作、生活情况选择全日制、半日制、函授或远程教育等学习方式。也就是说学生可以在校学习，也可以在工作场所学习，在家里学习或在任何一个地方学习。只要通过评估并积累到一定的学分，就可以取得证书和文凭。TAFE 具有完善的校内实习、实训基地。经过近五十年的快速发展，TAFE 教育已成为集培训、职业资格认证、继续教育等于一体的综合职业教育培训体系。而作为 TAFE 教育的载体，"TAFE"学院已成为与德国"双元制"、美国合作教育等并驾齐驱的职教模式，在保障体系、学分互认和师资建设等领域独具特色。

"TAFE"学院具有五个典型特征：①由政府、行业与学校组成的"三位一体"保障体系。其中，政府为行业技能委员会和"TAFE"学院提供政策和资金保障，联邦政府与州政府按照 1∶3 的比例承担"TAFE"学院的建设与运行资金。行业主导开发的培训包由政府通过市场化手段购入，并由"TAFE"学院负责实施，培训包制度是 TAFE 教育区别于其他职教模式的显著特征之一。学校根据培训包能力标准要求，协同行业专家共同开发课程与教材并组织教学，教学全过程以能力本位为基础，坚持就业导向原则，强调学以致用与个性化教育。②学分互认机制。一方面，"TAFE"学院与所在州普通高校通过协议可实现学分互认横向融通；一方面，不同

"TAFE"学院之间具有灵活的学分互认机制，学生在修习完某课程一定的学分后，若对该课程教学内容、教学模式等不满意，可以任意调换至其他"TAFE"学院学习其他课程，学生此前修习的学分仍可获得承认，且由联邦政府与州政府承担的学生相关经费随课程调整而转移。以此为背景，"TAFE"学院的学生可根据自己的学习情况以及职业定位自主选择学习课程。③富有特色的"双师型"教师。所谓"双师型"教师，是指"TAFE"专职教师要具备实践经验与现场操作技能，同时具有本科及以上学历，教师每年要参加各种新知识讲座和新技术培训，还必须到企业工作和锻炼两周，而且要经常参加行业协会的各项活动以及学校与社会联系的活动，从而熟悉企业最新发展动态。另外，"TAFE"学院约60%~70%的教师是来自行业或曾在行业工作多年的兼职教师，学院聘请具有丰富社会和企业实践经验的专业技术人员做兼职教师。④以能力为基础的职业培训教育。TAFE教育的实质是其职业培训功能，"TAFE"学院中的200多个专业按照"就业岗位的胜任能力"原则开设，以能力为基础组建课程群，教学工作重点是学生的实际工作能力，考核重点是学生"应该能做什么"，而不是"应该知道什么"。强调加强实践教学环节，使理论教学与实践教学融为一体，在工作现场实施多种技能培训课程，有些课程是在企业岗位上完成课程考核。⑤具有独立有效的第三方评估机制。澳大利亚设置了独立于教育部的高等教育质量标准署（Tertiary Education Quality and Standards Agency，简称TEQSA），具体负责对涵盖"TAFE"学院的教育机构进行全方位质量监督、控制与审查。此外，各州设置专门第三方评价机构，对教育机构工作成果通过多途径进行评估，全方位监督教育的实施和成效。第三方评价机制对促进"TAFE"学院教育质量既起到了十分重要的作用，也是澳大利亚"TAFE"能成为全球典型职教模式的关键因素之一。

（四）MES模式

MES（Modules of Employable Skill）意译为模块式技能培训或模块培训法。它是国际劳工组织开发的一种职业技能培训模式，是以系统论、信息论、控制论作为理论基础，综合并借鉴欧美发达国家经验而推出的一种先进的职业技能培训模式。MES 以为每一个具体职业或岗位建立岗位工作描述表的方式，确定该职业或岗位应该具备的全部职能，再把这些职能划分成各个不同的工作任务，以每项工作任务作为一个模块。该职业或岗位应完成的全部工作就由若干模块组合而成，根据每个模块的实际需要，确定出完成该模块工作所需的全部知识和技能，每个单项的知识和技能称为一个学习单元（Learning Element，简称 LE）。MES 的开发完全建立在系统论、信息论和控制论的理论基础之上，是运用"三论"思想的典型的职业教育培训模式。

MES 模式具有五个特点：①缩短了培训与就业的距离。MES 突破了传统的以学科为系统的培训模式，建立起了以职业岗位需求为体系的培训新模式。这就使培训更加贴近生产、贴近实际。②有助于提高学习效率。MES 有利于学生在学习动机最强烈的时候，选修最感兴趣和最为需要的内容。学习兴趣越浓，学习的效果就越好。③有利于保持学习热情。MES 中的每个模块都比较短小又有明确的目标，所以有助于学生看到成功的希望，并在较短的时间内为获得成功而满怀热情地奋斗。④具有开放性和适应性。MES 可以通过增删模块或单元来摒弃陈旧的内容，增添新的内容，从而保证培训内容总体上的时代性和先进性。⑤具有评估反馈系统，对社会生产和经济的发展有快速反应的能力。

（五）新加坡的教学工厂模式

新加坡在学习和借鉴德国"双元制"精神实质的基础上，在 20 世纪 80 年代初提出了新加坡职业教育和工艺教育的新的教学模式概念——教学工厂。这种教学模式被新加坡各理工学院和工艺教育学院广泛采用，推动了新加坡职教事业的发展。教学工厂是一种教学模式，也是一种教学思想。教学工厂不是在学校之下教学之外再办一个附属工厂、实习工厂或在社会上划定某一个工厂作为学校的定点实习厂，让学生在学校学完理论课后再到工厂学操作，而是要把教学和工厂紧密结合起来，把学校按工厂模式办，把工厂按学校模式办,给学生一个工厂的生产环境,让学生通过生产学到实际知识和技能。教学工厂的基本做法:理工学院一、二年级学生,工艺教育学院一年级学生学习完基本专业理论课程之后进行基础技能训练;理工学院三年级、工艺教育学院二年级即最后一年,学生依自选专业方向进入有关工业项目组进行实际生产操作。这种工业项目组实际上就是由某个或某些社会上的生产厂家与学校联合办的以教学和技能训练为目的的生产车间,学校从生产厂家承担工业项目,生产厂家以提供或借用的方式在学校装备一个完全和实际工厂一样的生产车间,学生在教师和师傅或技术人员的指导和训练下进行实际生产操作。教学工厂所确定的学生培养目标是培养多元技巧的人力资源,培养目标切合国家经济的发展和人力发展战略的实施,教学计划的制订是根据工业发展的需要,强调实用性专业的设置,具有敏感性和超前意识。

(六)美国的社区学院模式

美国社区学院是 20 世纪上半叶在美国产生的一种新型的高等职业教育形式,它是一种颁发副学士学位作为最高学位的地区性被认可的高等教育。学院一般开设在社区中心,位于小城镇上,其办学目标是综合性的,主要培养高等层次的职业技术人才。社区学院之所以有旺盛的生命力,是因为确立了"一切以社区为中心"的指导思想,提供多元化的教育课程与教育功能,集普通学历教育、职业技术教育、成人教育、继续教育、社区民众生活教育等为一体。社区学院的办学模式立法规范,分级管理;面向社区开设实用课程,教育形式多样化,以学生为本,其主要特色是开放的入学机会以及与普通教育的互通、校企合作的教育制度、广泛且灵活的课程体系、强调实践的教学模式、健全的立法保障和多样的筹资渠道。社区学院创建了独特的两年制社区学分教育和副学士学位,在美国高等教育体系中占有重要地位。

美国社区学院办学面向市场,办学灵活,以满足社会发展需求为己任。

社区学院的入学门槛很低,招生对象主要是当地社区范围内具有求学、求职、丰富生活等需求的周边居民和家庭经济有压力的学生。为了满足这些不同教育背景和需求的学生,课程的兼容性较强,课程功能也包括提供升学转学、就业指导、职业资格证书、补偿教育、补习、社区娱乐文化等功能。美国社区学院在课程设置上不仅兼容并包,而且还非常欢迎社会、行业企业、国家机构、合作学校等多元主体参与到课程开发与建设中去,以开放求发展,以合作谋共赢。1995 年美国社区学院的兼职教师所占比例为 61%,1997 年则达到 66%。美国的社区学院与合作企业共同安排课程教学,强调校企合作的教师队伍建设制度。社区学院每年都要召开 1~2 次有关专业学生课程培养问题的研讨会,参与主体为社区学院教师、实习企业兼职教师以及相关人员,实现面对面的交流沟通。同时,社区学院积极采取措施使课程设置具有多样、合作、灵活性等特征,主要体现在几个方面:一是关注当地业主最需要的技能,提供满足业主需要的课程;二是积极招收非学分制学生,推动非学分制培训课程与学分课程之间的融合;三是在教学计划外开设更多定制的以及合同培训的课程;四是持续做好课程开发和更新工作,满足始终处于变化之中的学生需求;五是为小型企业提供帮助,向当地或区域内企业提供校外课程,积极收集反馈意见。

(七)英国的职业证书模式(BTEC 模式)

职业证书模式又称 BTEC(Business & Technology Education Council)模式,是英国长期进行职业教育及实施职业资格认证逐步探索建立起来的一种成熟的职业教育模式,其核心是对学习者职业能力的全面培养和职业资格的规范考试认证。1986 年,英国开始实行国家职业资格证书制度,设立了国家职业资格证书委员会和学校课程及评估管理局,专门负责实施国家职业资格证书标准和国家通用职业证书标准的推广。英国建立了一整套质量控制体系,从标准制定到考核组织,到考评人员和督考人员管理都有严格的制度和章程,从而保证了国家职业资格证书的科学性、可靠性和权威性。英国的职业资格证书模式具有以下四个特点[①]：①政府重视并推动产学结合。英国政府通过颁布实施一系列法律法规，实行全国统一的职业资格制度，促进教育与产业的结合，为企业服务，为经济发展服务。它以企业需求为导向，紧密结合科学技术发展的变化，对提高企业生产效率、促进社会经济进步有重大的直接作用。②建立了一个开放的职业资格证书体系，平衡了国家教育结构。这个体系一方面成为了广大劳动者就业、再就业的一条捷径；另一方面，政府出面建立一个完整的，并与学历文凭制度相通的职业资格认证体系，大大促进了全体国民对职业资格证书的认同，吸引了很多优秀人才走向职业教育，很好地平衡了学历教育与职业教育的教育结构，使整个社会的教育资源得到了充分合理的配置。③以能力培养为核心。英国实施的职业资格证书制度是以职业岗位需要的能力为基础的，依靠的是课业的形式来实现对能力的培养，这是英国职业资格证书制度的核心。1986年以来，英国已经成功地在150多个行业和专业设置了数以千计的职业标准，它测量的是某职业岗位的人员能够做什么，必须做什么。另外，职业标准体系的建立还确立了以职业为导向的教育培训目标，从根本上改变了传统教育培训中重理论轻实践、重学历教育轻职业教育的倾向，使职业教育和资格考核适应了生产经营和技术发展的要求。④以学生为中心。英国职业证书制度在教学过程上，学生处于主导地位，教师处于指导、引导的配合地位，重视以学习一般过程指导教学过程设计。在教学内容上，重视教学与学生将来从事职业的相关性，注重对学生通用能力的培养；在教学方法上，安排丰富多彩的教学活动，实现学生的积极主动参与，体现学生是教学活动的主体；在学业考核上，采取任务法的方式进行考核，运用实用场景全方位考核学生的专业和通用能力，目的是考查学生分析实际问题、解决实际问题的能力。

---

① 杜利.职业教育产销需要对接[N].中国人事报，2007-03-16.

（八）日本的职业培训模式

职业培训模式是指日本企业内部进行职业培训所形成的一种教育模式，是企业根据不同员工的需求，以及同一员工在其职业生涯的不同阶段的需要，开展的有针对性的、长期性的教育和训练。其内容主要包括专门的技术教育和技能训练，另外还有经验教育、处事能力教育、思想品德教育和企业文化教育等。该模式主要有四个特点[①]：①培训对象的全员性和层级性。日本企业的所有员工都是职业培训的对象。②培训时间的终身性。③培训内容的丰富性。④培训方式的多样性。日本政府于1958年颁发了《职业能力开发促进法》，开发出600多种职业资格证书，通过要求从业人员获得相关资格证书极大地促进了高职教育产学合作活动的开展。职业资格证书制度的发展既推动了学校教育与企业的接轨，也推动了企业与学校合作的积极性。日本企业对员工进行的职业培训促进了日本产业部门的技术革新，以及从"劳动、资本密集型经济"向"技术、知识密集型经济"的转变。日本企业的职业培训通过全员性、终身性、针对性的培训，从知识、技能、责任、态度、职业伦理等方面帮助产业工人、技术人员、管理人员和领导人员适应了技术变化和管理变化的要求，直接推动了日本产业部门对于引进技术的消化和移植，以及各类产业的技术改造和工艺更新。日本企业狠抓职业培训的经验证明：适应企业经营环境的变化，把握人才需求的教育训练的全员化、终身化应是现代企业发展进步的首要策略。[②]

日本产经联颁发了《下一代产业基础研究开发制度》，建立了政府、企业、大学相互合作的官产学体制，有效地推动了政府、学校与企业三者之间的合作，对日本经济发展起到了巨大的推动作用，从而成为在世界上具有影响力的制度，并发展成为著名的政府—大学—企业合作的"三螺旋"制度。日本高职教育产学合作的制度模式主要有三个：一是职业资格制度，

[①] 刘艳. 日本企业内职业教育及其对我国的启示[J]. 职业教育研究，2006(11)：177-178.
[②] 杜利. 高等职业教育的理论与实证研究[D]. 武汉：武汉理工大学博士学位论文，2008.

二是高中与产业界的产学合作制度，三是高校与企业的产学合作制度。

目前，日本已组建了包括终身职业能力开发中心、职业设计指导中心以及地方职业能力开发综合中心在内的面向 21 世纪的终身职业能力开发体系。企业内职业培训通过全员性和终身化的针对性培训，从知识、技能、职业责任态度、职业道德伦理等方面帮助产业工人和技术管理人员适应技术变化的要求，直接推动了日本产业部门对引进技术的消化和移植，以及各类产业领域的技术改造和工艺更新。

二、国外高职人才培养主要模式比较与借鉴

通过比较分析六个国家高职教育的成功经验以及人才培养主要模式的内涵与特征，不难发现以上六国职业技术教育具有各自的办学特色和人才培养范式，其中有一些共性的因素是这些国家高职教育取得成功的关键，值得我国高等职业教育学习和借鉴，对于建构复合型技术技能人才培养模式具有重要的借鉴意义。

（一）职业教育相关法律法规健全，政府提供组织、政策保障

发达国家职业教育成功经验中重要的一条就是政府重视和强有力地对职业教育发展的支持，职业教育与培训享受了政府一系列具体政策的支持。例如，近四十年来，美国围绕推动高职教育校企合作，出台了一系列的政策：一是 1982 年的《职业训练合作法》推动了美国高职教育走向校企合作，其主要内容就是强调职业教育的有效性与"企校合作关系"，并通过设置"私营企业委员会"建立了校企合作的有效途径。"私营企业委员会"由企业、学校、劳工三个领域的代表组成，其中企业代表超过半数，制定重要的职业训练的政策指南，监督职业训练计划的实施，使各级各类职业培训活动都按照企业和雇主要求实施。[①]二是 1994 年的《2000 年目标：美

---

① 吴雪萍. 国际职业技术教育研究[M]. 杭州：浙江大学出版社，2004.

国教育法》和《学校—就业机会法案》，建立统一的美国国家职业技能标准，推动校企合作。1978年5月，日本政府颁布《部分修改职业训练法的法律》，明确提出终身职业训练及终身技能评价是职业技术教育的根本方向。后来又制定了《终身职业能力开发促进法》《终身学习振兴法》。1973年，英国政府颁布实施了《就业与培训法案》，规范了各类职业资格标准，整顿混乱的职业资格证书发放现象。1997年英国政府组建成立了英国职业证书和课程管理局并颁布了相关的教育法案，授予它协调教育及培训的专门职权，以促进英国以职业教育为核心的终身教育的发展。德国联邦政府自20世纪50年代以来，颁布了十多项有关职业教育的法令，如《职业教育法》《高等教育总法》《职业教育促进法》《实训教师资格条例》等，《职业教育法》使以"双元制"为特色的职业学院得到迅速发展，职业学院毕业生受到企业界欢迎，《职业教育促进法》进一步突出职业教育的公共特性与联邦的责任和义务，首次将职业教育与培训需求挂钩。《职业学院法》认定3年制的职业学院与高等专业学院文凭等值，为毕业生的国际深造铺平了道路。澳大利亚政府规定只有取得技术继续教育证书才能从事相关专业的技术性工作，并且技术继续教育文凭证书既是就业的必备条件，又可与大学学位对接。美国、日本、英国、澳大利亚和德国等发达国家都以立法的形式来规范高等职业教育的发展，确立了高等职业教育在高等教育体系中的地位，充分发挥了立法的保障作用。发达国家高等职业技术教育促进了各国社会经济的发展和产业结构的调整，因而得到了各国政府的重视和支持，纷纷制定政策和法规以及增资拨款来保证高等职业技术教育的实施和发展。政府逐步加大对高等职业技术教育的资金投入，政府拨款和社会投资在高等职业教育的经费构成中占比较大，其中，政府拨款是高等职业技术教育最基础也是最重要的经费来源。

我国高度重视职业教育，可以充分借鉴国际高职教育成功经验，通过法律法规的制定、组织机构的设置、增资拨款等保证高等职业技术教育的发展。在美国职业教育体系中，社区学院建立了中学、中等后教育和本科教育之间的联系，是"立交桥"的重要一环。美国通过不同层级的法律确保了社区学院转学功能的顺利实现，可以为我国普职融通提供借鉴。我国于2022年修订了《中华人民共和国职业教育法》，确立了高等职业教育的重要地位，政府应进一步制定、出台具体的实施细则，以立法形式完善普职衔接的课程互认、学分转换、分段培养等各项机制，推动院校间就转学核心课程、课程标准、课程考核等方面进行协商，签订课程衔接协议，构建阶梯式递进的人才培养模式。借鉴美国社区学院的职业教育和普通教育并重、设置转学课程的做法，我国的高职院校可以将职业技能教育和升学紧密联系起来。围绕本科人才培养目标，预先确定转学衔接需要学习哪些课程以及要完成的学分，通过转学课程使高职与本科同一专业的课程之间能够实现有效衔接，确保高职学生学习两年后能成功地转入本科三年级学习。同时，我国的高职院校仍然面临着严重的资金不足问题，大部分市属高职院校都没有省级政府的投资，这直接影响和制约着高职院校的人才培养质量，进而影响到企业和地方经济的发展。因此，我国政府应当逐步加大对高职教育的经费投入力度，同时，加快推进"1+X"证书制度的实施和推广，促进高等职业教育的高质量发展，制定政策和法规激活巨大的职业岗位培训市场，高职院校应当充分利用职业教育资源，开源节流，主动创收，为培养出更多更好的技术技能型人才提供重要保障。

（二）以产业需求为导向办学，建立产学合作制度

从以上几个发达国家的高职教育模式来看，这些国家的高职教育都以产业需求为导向、以职业资格证书制度为依托开展高职教育。为了使高等职业教育更好地满足产业的需要，英国政府组织教育部门与工业部门共同开发了国家职业资格标准，在英国国家职业资格证书制度中，根据不同岗位需要的核心能力，开发出相应的行业岗位标准。英国政府为了推动高职教育的产学合作，通过出台相关政策引导产学合作的开展。例如，英国政府颁布《产业训练法》，通过明确企业员工培训任务，通过企业与学校合

作路径的明晰，通过设立"产业训练委员会"以及经费支付规定等为产学合作提供了组织和法律上的保障。美国的社区学院立足服务社区，扩大服务范围，加强与行业企业的联系。在美国的高职教育校企合作制度中，社区学院与企业共同实施合作教育，美国的职业教育之所以能够走在世界前列，主要原因在于学校通过与企业的合作能够对当地劳动力市场需要迅速做出反应，及时调整专业设置、人才培养定位、教学方法及人才培养模式。德国双元制模式中的两个学习地点——企业和职业学校，就是产学结合的根本体现。澳大利亚南悉尼学院所有专业课程的实施均实行"工业回炉"、参与公司合作项目、与工界建立伙伴关系等多种形式的产学结合方式，共同培养高职人才。在教学方法的改革上坚持以能力为本位的原则组织教学，突出在一线岗位从事现场和实际的职业活动能力的培养。在德国，政府出面干预，使产学合作制度化。一方面，企业要按给予学校的财力支援比例来分享教育成果；另一方面，学校要通过培养企业所需人才来接受企业的资金援助。同时，政府设立产学合作委员会，对企业和学校双方进行控制和监督，对与学校合作的企业给予一定的财政补偿，对不依靠大学培养人才的企业则增加一定的税金，并公开因教育水平低而不能满足企业需要的学校名单，减少或停止对其的财政支持，以此来促进企业与学校的相互合作。高职院校需要充分借鉴国际高职教育以产业需求为导向、以职业资格证书制度为依托开展高职教育的办学模式，通过加强校企合作、产教融合，政府出台政策促使校企合作、产教融合、科教融通制度化，促进企业与学校在人才培养培训、课程开发、项目研发等各个方面进行深入、紧密的合作，解决课程改革的难点问题，从而满足行业企业对复合型技术技能人才的需求。

（三）建立具有灵活性、科学性、连贯性与职业功能性的课程体系

灵活性、科学性、职业功能性是发达国家高等职业技术教育课程体系所共有的基本属性。严格按照职业群集或行业、企业的特点与需要确定课程，根据社会变革对人的知识、技能以及品质要求，按个人发展的需要进

行课程调整。课程内容的安排上，除强调掌握和应用成熟技术的能力训练外，还适当兼顾科学、技术、经济、管理发展的最新成果的介绍。注重课程的职业功能性，注重学生职业技能的训练，使学生能较好地掌握专业，并在毕业后能立即投入工作。为使学生能适应工作的变化，满足转换不同职业岗位的需要，许多国家广泛实施"通专多能"人才培养。课程设置注重增强课程的弹性，兼顾理论和实务，广泛增设专业选修课和自由选修课，减少专业必修课程，优化课程结构，注重学生个性的发展和职业适应性的需要。课程设计以学生为主体，教师侧重引导学生自主学习和思考，而且教学模式采用了自我培训评估系统，强调学生的自我评估，重视学生反馈能力的培养。教师在教学中不再是知识的传授者、讲解者，而是指导者、咨询者；学生不再只是被动地接受，而是主动地获取，这就极大地培养了学生的自觉性和责任心。

课程设置灵活多样、课程实施目标明确、产学结合贯穿始终、教学方法独特实用是国外高职教育课程实施方式的基本特色。国外高职教育课程设置适应市场对劳动力素质的要求，满足当地经济发展和社区的需要，建立起更具市场适应能力的、灵活多样的、兼容并包的、连贯的课程体系，提升职业教育课程与市场需求之间契合的水平。例如，1984年，美国国会通过了《珀金斯法案Ⅰ》，要求职业教育课程讲授基本的数学和科学原理，以此增强职业教育学生的学术基础，使其能够适应变化中的工作。法案力促学术与职业教育、中学教育与中学后教育、学校教育与真实工作场景职业教育的联结、融合，着力于培养社会所需的学术能力与职业技能，推动学生的学术、职业和就业等综合能力持续发展。同时，根据生计教育理论对中学、社区学院和四年制大学的课程进行一体化设计，加强职业教育与普通教育的衔接。此后，学术与职业课程整合成为美国职业教育改革的重要内容。

我国高职院校应立足地方，拓展服务功能，服务地方经济发展，坚持以学生为本的人才培养理念，建立具有灵活性的、科学性的课程体系，突出高职课程的职业功能性。课程功能应包括提供升学转学、就业指导、职业资格证书、补偿教育、补习、社区娱乐文化等；进一步加大选修课比例，广泛开展课程改革和学分制改革，建立基于学分制的模块化课程体系，实施"通专多能"人才培养，同时建设配套的数字化教学资源，以线上、线下相结合的形式向地方或区域内企业和社区提供多样化的、灵活的课程，提供包括假期在内的所有时间段的全天课程；另外，还为不能按时来校学习的学生安排远程教育课程，让学习者能随时随地选择合适的时间上课。

（四）打造一支"双师型"教师队伍

发达国家高职教育的师资队伍是以理论与实践并重、学术与技术互补、专职与兼职结合为主要特征的"双师型"师资队伍，在师资队伍建设方面，采取专兼职结合的思路，形成了特色化的双师型队伍。除了应具有政府颁发的教师资格证书外，特别强调教师的实践经验和教学基本理论的掌握。如美国要求从事高职教育教师一般应在所教范围取得学士以上学位，并要求教技术课的教师必须有两年以上工作经验及最新经验，或者在合适的技术领域有五年以上实际经验，还要求应聘者学过教育学课程。此外，高等职业技术教育全过程由高校专职教师和企业的工程技术人员、管理人员共同组织实施。兼职教师绝大多数来自企业，能把企业的生产、经营、管理及技术改进等方面的最新情况与学生所学的内容紧密、及时地结合起来，真正体现理论联系实际，让学生学以致用。除了广泛聘请兼职教师，美国的社区学院还通过全员性培训的方式，不断提高专职教师的专业水平，鼓励教师到企业实践，以获取新的知识、技术，更新技能，提高教学能力。澳大利亚北悉尼学院的师资队伍由全职教师和兼职教师两部分组成，专职教师和兼职教师的比例为 1∶1，澳大利亚技术与继续教育学院形成了专兼结合、以兼为主的师资队伍，专职教师与兼职教师的比例约为 1∶3。英国职业技术教育中继续教育机构的师资亦有专职与兼职之分，兼职教师所占比重较大，约占 63%。发达国家职业技术教育的教师有着较为优越的社会地位与丰厚的待遇。如日本，教师的报酬比一般的公务员高15%，工资原则上一年提升一级；学校对具有高学位、教学质量又很高的教师采取持续延聘的保护性政策，相对来说高学位教师流动性较低；对学位不高但潜质优良、有发展前途的教师，学校鼓励其在职进修或停薪留职进修，使其尽早获得高学位。正因为有较优厚的待遇，才吸引和稳定了高素质的"双师型"教师队伍，有效确保了教学活动的职业性和实践性，为高水平、高质量的职业技术教育提供了师资保障。我国的高职教育可以借鉴国际高等职业技术教育的教师队伍建设经验，通过师资队伍建设制度来加强校企合作。高职院校应建立校企合作的教师队伍建设制度，选聘有两年以上工作经验的教师从事高职教育教学，建立一支职业教育观念新、教学能力强、企业工作经验丰富且具有创新意识的双师型教师队伍。

（五）职业技术教育的终身化

把高职教育看作阶段性教育，牢固树立终身教育的观念是发达国家发展职业技术教育的共识，也是高等职业技术教育发展的根本方向。日本政府1978年5月颁布的《部分修改职业训练法的法律》，明确提出终身职业训练及终身技能评价是职业技术教育的根本方向。后来又制定了《终身职业能力开发促进法》《终身学习振兴法》。目前，日本已组建了包括终身职业能力开发中心、职业设计指导中心以及地方职业能力开发综合中心在内的面向21世纪的终身职业能力开发体系。日本职业教育终身化、多样化，提高了各类职业人才的培养的适应性，顺应了技术变化环境下产业经济对于熟练劳动力的素质变化要求，促进了日本产业部门的技术革新以及从劳动资本密集型经济向技术知识密集型经济的转变。企业内职业培训通过全员性和终身化的针对性培训，从知识、技能、职业责任态度、职业道德伦理等方面帮助产业工人和技术管理人员适应技术变化的要求，直接推动了日本产业部门对引进技术的消化和移植，以及各类产业领域的技术改造和工艺更新。美国早在1971年就在全美范围内推行实施终身化的职业技术教育——生计教育。生计教育目的在于帮助人们从幼儿园到成年获得全部生涯的谋生技能，并形成个人生活方式。国外劳动力就业的状况都已证明，学校已不再是获取知识的唯一场所，职前学习也不再是唯一的培训时期，只有终身学习，终身受教育，才能终身就业。1999年4月在韩国召开的第二届国际职业技术教育大会，把会议的主题确定为"终身学习与培训，迈向未来的桥梁"。大会提议各国要改进终身教育与培训系统，制定灵活地接受终身职业技术教育的政策。再看我国的职业教育模式，基本仍是一次性的。许多企业由于没有建立健全职业教育培训体系，在产业重组、转让和发展时期，大批的技术工人下了岗，这些工人原本是很优秀的，但他们走出学校以后很少或再也没有经过职业培训，面对突如其来的新技术束手无策。还有一些企业借着减员增效大肆裁减员工，结果减了员却没有增效，反倒使企业多年积聚的技术力量大量流失。

我国的企业尤其是国有大型企业应当将人才战略放在首位，在本企业内部人力资源的培训与开发上加大经费投入力度。我国高职院校可以借鉴国外的办学经验，基于人本主义、终身教育理念，以促进学生个性化和现代化发展为改革目标，统筹高中、职业教育、普通高等教育环节的课程与学分设置，建立一以贯之的"学分银行"，为学习者提供更多灵活的模块化课程组合，以满足不同年龄、不同工作经历的学习者群体的多样化教育或培训需求。在教育资源充沛的基础上着力改革高等教育的授课形式，利用平时授课和节假日授课相结合、网上授课和课堂授课相结合、教师授课和自主学习相结合、理论授课与项目式授课相结合等多种形式满足学习者终身教育下的多样化学习需求。

（六）紧跟产业结构升级调整专业设置和创新人才培养模式

发达国家的职业学院始终坚持以产业界的需求为导向，以技术领域为主，与产业结构相匹配，创新职业教育人才培养模式，而且发达国家职业学院积极改革专业设置模式，在设置口径、设置方向、设置时间、设置空间等方面进行精心设计和改革，拓宽专业口径和方向，使专业设置更具灵活性、适应性、复合性、应用性和区域性的特征，为大学生提供弹性化的专业选择空间，促进学生的个性发展。为了满足产业界对复合型技能型人才的需求，发达国家的职业学校通常设置复合型专业。国外的职业学校一般在学生入学后先让学生广泛选修课程,经过一年半或两年的通识教育后，在学生对自身的兴趣和想进入的专业有充分和理性的了解后才确定专业。同时，随着现代社会在生产、服务与管理领域的问题变得越来越复杂，往往需要运用多学科、多领域的专业知识与方法，对问题进行全面的思考和理解，系统性地提出解决问题的方案。德国的"双元制"、美国和加拿大的"CBE模式"都是为了适应产业结构升级而开展教育教学改革并提出职业教育人才培养模式的。纵观世界高等教育学科和专业的改革和发展，有两种趋势越来越明显：一是学科相互交叉、渗透，向综合化方向发展，专业与专业之间的界限逐渐淡化；二是学科建设的内涵向加深基础、向高新技术领域扩展。目前，国际上普遍认为，高等教育教学改革的方向是加强基础教育、通识教育和课程综合，这是改革人才培养模式的基本途径。

第四章
PART FOUR

高职院校复合型人才培养模式创新研究

第一节 高职院校复合型人才培养现状分析

2019 年,《国家职业教育改革实施方案》中提出"实施 1+X 证书制度,深化复合型技术技能人才培养培训模式改革",实质就是通过把核心内容与单项技能相结合的学习模式来培养具备核心职业能力的复合型技术技能人才。[①]高职院校以推进 1+X 证书制度试点工作为契机,制定和实施 1+X 证书制度下的专业人才培养方案,在培养复合型技术技能人才培养方面取得了一定成效。在国家政策的引导和支持下,高职院校在复合型技术技能人才培养中担任着重要角色,其培养的知识创新型与技术型人才是推动我国社会生产变革的重要力量,但在培养模式、培养质量、培养主体等方面仍然存在较大的问题。[②]调研显示,当前复合型技术技能人才缺乏问题比较严重,然而高职院校人才培养模式存在的主要问题包括培养理念缺失、专业设置壁垒、教学资源匮乏、管理制度羁绊和育人功能淡化等。

一、理念缺失

目前,虽然国家已有相关复合型人才的政策文件出台,各高职院校也通过推进基于 1+X 证书制度的人才培养模式改革和岗课证融通的人才培

---

① 徐国庆,伏梦瑶. "1+X"是智能化时代职业教育人才培养 模式的重要创新 [J]. 教育发展研究,2019(7):21-26.
② 陈丽君,张晓霞. 共生理论下高职院校复合型人才培养模式研究[J]. 职教通讯,2020(6):53-62.

养模式改革取得了较好成效。但是，先进理念缺失成为高职复合型人才培养的瓶颈。

第一，适应社会发展的自我变革理念缺位。首先，一些高职院校没有及时进行自我变革，没有动态调整人才培养模式，数字化、国际化、专业升级、以学生为本等理念还停留在"空喊口号"的层面上，高职院校没有采取行动将理念付诸实施，例如，不能及时淘汰与产业发展脱节的旧专业，新增大数据、人工智能、工业机器人等新兴专业。其次，教师需要转变"课程即教材""教学即讲课"等传统观念，应该把教学看作教师和学生在具体实践情境中共同创造和开发自己的课程的过程，在这一实践情境中，师生之间的交互作用方式不应仅仅是知识的单向传授，更不应将教材作为唯一的教学媒介或课程资源。

第二，关于人的全面发展的理念缺失。首先，高职院校受评价、资源因素的影响太大。高职院校往往致力于"双高计划"建设工程和急于追求"升格本科"，忽略学生的全面发展。此外，"双高计划"建设工程采用标志性成果衡量建设成效，学生的全面发展未纳入建设成效考核指标中。学校对于如何改革人才培养模式以促进人的全面发展，以及如何通过各项改革措施满足企业对复合型人才的需求等问题，缺乏先进的教育理念和系统的战略思考。其次，高职院校往往重视教师的教学方式，忽视学生的学习方式，传统的学习方式把学习建立在人的客观性、受动性和依赖性的基础之上，忽略了人的主动性、能动性和独立性，导致学生不能自主建构知识，在工作中灵活应用知识。因此，学习方式的转变应是人才培养模式改革的焦点。传统的职业教育观只关注职业教育的社会价值，过度强调职业教育的人才培养目标在于培养劳动力市场所需要的技术应用型人才，而忽略了职业教育培养人的功能，忽略了个体的全面发展。高职院校的教学缺乏对人的生命存在及其发展的整体关怀，学生被当作知识的"容器"或国家未来的"利器"，难以得到全面发展。

第三，复合型人才培养观念的缺失。长期以来，高职院校的人才培养强调培养专业对口的人才，着重对专业技术的考核，忽略对技术知识、实践能力、综合能力和素质的培养，将通识教育等效为思想政治教育，对跨领域、跨学科、跨专业的复合型技术技能人才培养缺乏正确的认知，不重视培养复合型人才。国内普遍存在高职人才培养重专业、重岗位、重就业、重技能，轻复合、轻创新、轻发展、轻素质的问题。然而，随着信息化社会的快速发展、产业转型升级和科学技术的更新迭代，这种专才教育的人才培养模式逐渐凸显出其弊端。

第四，创新理念的缺失。受制于传统的以学科为中心的课程体系建设理念影响，课程体系对产业变化及职业发展动向与趋势的回应不足，限制了学生的知识及能力结构。由于受我国高等职业教育历史传统和集权管理体制的影响，我国高职院校人才培养模式表现出明显的共性突出、个性不足的特点。高职院校的教学方法和教学模式相对单调，主要是以班级授课制、小组学习、校企共建的现代学徒制为主。同时，课程体系受制于以学科为中心建设理念的影响，对产业变化和职业发展动向与趋势的回应不足。此外，高职院校现行考核方式仍然以闭卷考试为主，考核内容一般以课堂、教材为中心，对于教学标准中所规定的学生的能力目标、素养目标层次缺乏清晰有效的评价体系和考核方式，不利于调动学生的学习积极性，因此复合型技术技能人才培养考核评价体系还有待完善。

二、专业壁垒

以"就业为导向"的高职教育专业设置与职业有高度关联，实际上是职业高度专业化的体现，也是对社会分工和技术进步的一种反映，其专业课程通常为对接职业而结合一定的知识规律来设置。"新工科"背景下，科技、社会问题日益复杂化，技术应用的个性化与综合化需求已经成为工业发展创新的关键，因此工业的发展创新迫切需要跨学科、跨专业人才。高职教育作为工程教育的重要组成部分，承担着为工业、科技领域输送高素质复合型技术技能型人才的重任。2021年,由人力资源和社会保障部、国家质检总局和国家统计局联合牵头修订的《中华人民共和国职业分类大典》,与1999年第一版相比新增347个职业,取消894个职业,共计减少547个职业,这反映了随着经济社会的发展,社会分工的科层化趋势更加显著,而具体职业的相似性有所增强。然而,高职院校专业设置明显滞后于社会分工需求,并存在专业同质化严重、前瞻性不足等问题,以广东省5所"双高计划"建设院校为例,2020年5所院校设置财会相关专业49个,占全部专业总数的15.51%,热门专业扎堆明显;同时与新兴产业相关的专业设置较少,例如光伏发电技术及应用仅有1所学校开设,专业设置没有跟踪新技术发展;并且由于专业设置与调整涉及多方利益,学校在经费和资源竞争中大都优先支持有一定办学基础、师资力量强、标志性成果丰硕的专业,而对于社会紧缺的复合型专业,往往由于发展势头缓慢、积淀较少而未能得到调整和设置。①除此之外,大部分专业与专业之间壁垒森严、鸿沟明显,缺乏跨领域、综合性、开放性的专业设置,无法在人才培养模式上打破专业界限。此外,专业知识组织方式固化、专业边界性过强带来课程模块化重构的困难,使学生的知识和技能都局限于狭小的专业领域,学生个性化发展难以得到满足;高职院校内部"教研室—专业—系部"的科层制运行使专业资源共享率低,制约教师跨学科素养的提升。

三、资源匮乏

首先表现为教育经费不足。一方面,高职院校的经费筹措渠道单一,主要依靠财政拨款,并采用"综合定额+专项补助"的计划投入模式或根据指标完成度确定下一年资金发放的绩效投入模式,在资金预算申报环节存在合理性评估不足、资金执行环节绩效不高等问题。另一方面,在高职扩

---

① 陈小娟. "双高计划"视域下高职院校专业设置与结构调整的路径选择——基于广东省5所"双高计划"建设院校的实证分析[J]. 职业技术教育,2022,43(9):33-37.

招的背景下，生均拨款制度的不完善、各地落实力度不统一等问题制约着教育经费的投入。因此，部分高职院校在教学改革和内涵建设等方面缺乏相应的经费保障。其次，表现为师资队伍和课程资源建设较弱。截至2020年，全国高等职业院校共1468所，在校教职工74.44万人，其中专任教师55.64万人，"双师型"教师22.22万人，占该类型学校专业课教师总数的54.2%，占专任教师总数的39.93%。因此，高职院校存在高层次师资过少，具有"双师"素质的专任教师不足等需要迫切解决的问题。[1]此外，受思想观念和评价体系的影响与制约，教师缺乏开展人才培养模式改革的外动力和内驱力。

课程是人才培养的核心要素，是人才成长的载体。人才培养模式的改革要以优质、丰富的课程资源为基本条件，但是我国高职院校却存在严重的课程资源不足问题。美国多数高等学校都几乎达到人均一门（次）课程，即5000人规模的本科院校要开设5000门（次）左右的课程。[2]中国仅高水平高职院校的课程资源比较充足，根据深圳职业技术学院统计数据，2022年春季学期线上教学开设近6000门次课程（含选修、拓展课）。但其他高职院校开设的课程往往不足3000门。在硬资源方面，实训基地建设与产业升级新需求不匹配。高职院校盲目追求实训基地数量和规模，对地方区域产业结构和职业岗位需求调研不充分，实训课程体系与职业岗位的新需求对接不密切，实训基地不能很好满足专业技能教学、行业企业培训、技术升级服务等需要。资源之匮乏极大地限制了人才培养模式的创新。

四、制度羁绊

人才培养模式创新的一个重要的制约是制度。首先，当前高职院校的教学管理仍然偏向固定化和机械化，传统"自上而下""一刀切"的教学管理体制已不符合高职院校多元化生源需求，人才培养模式难以向"个性

---

[1] 温伯颖，胡业华，孟庆国. 新时代职教教师队伍结构优化的对策建议[J]. 职业教育研究，2022（1）：15-20.
[2] 周小波，谢鸿全，王成端，等. 地方院校创新人才培养模式的探索与实践——以西南科技大学为例[J]. 大学教育，2015（8）：36-37.

化""以人为本"的方向转变。其次,我国高职院校普遍实行的是三年制的学习制度,但是对于复合型人才培养来说,其掌握更多专业知识、形成更全面的能力素养所投入的时间成本应该是成正比的,所以高职院校学生在三年时间内达到复合型人才培养的标准比较困难。最后,高职院校的专业评估制度不完善,主要以标志性成果和科研成果的评估为主,而对于师德师风、学风建设、教学建设等方面的评价不够重视,没有建立具体的、可操作的、科学合理的评价指标体系,现行的高职院校教育教学评价制度对提升人才培养质量的影响非常有限。课堂教学评价还存在仅仅追求"抬头率"等片面化、数量化的倾向,忽视了个性化教育教学模式的评估,忽视了难以测量的教学,忽视了人才培养模式的改革与创新。高校内部科研评价、绩效考核、职称评定等制度同样强调学科界限。我国常规的立项科研项目多按照既有学科门类进行划分,跨学科研究缺乏开展的机会。科研评价制度强调个体主义,重视第一作者和通讯作者,合作者的贡献很少甚至不被认可,较大程度上影响教师开展跨学科研究的意愿和热情。[1]而且,科研评价通常依托同行评议规范,单一学科的同行专家受限于知识结构和科研体系,无法跨越学科界限对跨学科研究进行全面、客观的评判,使教师止步于各自学科的边界点。绩效考核、职称评定通常要求公开发表的成果必须在学科大类下研究所得,无形中降低了教师们参与跨学科研究的热情。[2]

五、育人淡化

尽管高职教育发展几十年取得了辉煌的成绩,但是随着经济全球化和高等教育国际化、大众化以及知识经济和科学技术的迅猛发展,我国高等职业教育面临着前所未有的挑战和压力。从高职教育实践来看,其现行的

---

[1] 于汝霜. 高校教师跨学科合作中的障碍及合作成功的条件[J]. 山东高等教育,2015(4):48—53.
[2] 童蕊. 大学跨学科学术组织的冲突问题研究[M]. 中国社会科学出版社,2012.

人才培养与社会需求之间还存在一定差距，主要表现为人才培养过于注重知识、注重专业、注重技术，缺少对学生方法能力和社会能力的培养，不利于学生的职业生涯发展。人的"工具性""技术性"仍然是高职教育的目的与手段，在一定程度上，高职教育存在高教性缺失的情况，例如，在人才培养过程中，弱化淡化基础课程，强调基础课为专业课服务；片面地强调智育，重专业知识和技能，忽视了思想道德教育、中华优秀传统文化教育、身心健康教育、人文艺术教育、数字素养教育，导致学生的知识、能力、素质发展不平衡，不利于高职毕业生的可持续发展。而且职业能力的发展受到动机和情感的影响，它与职业认同感和在此基础上发展的职业承诺有密切的联系。[①]这就意味着人才的智力因素与非智力因素业务素质与思想、人文、心理素质都必须得到充分发展与和谐融合。当前，我们更应该强调的是社会责任与人文素养、工匠精神、挫折磨炼能力。高等职业教育更应该关注人的全面发展的需要，专业教育给予人一定的专业知识和技能，但专业教育不是一个人所应受的全部教育，不管一个人从事的职业是什么，他首先是一个人，人所以成为人在于他具有理性，在于他有情感、意志、欲望、兴趣等。对人进行狭窄的专业教育，把人的知识和能力限定在狭窄的范围内，把人当作工具来培养，这就使人的知识、能力、思维以至情感都变得专业化了。这种人显然不能适应社会发展的要求。

第二节 高职复合型人才培养模式内涵分析

一、创新高职人才培养模式的必要性

从人力资源市场供需情况看，技能人才特别是高技能人才十分短缺，近年来技工求人倍率一直维持在 1.5 以上，高技能人才求人倍率维持在 2

[①] 赵志群，海尔伯特·罗什. 职业教育行动导向的教学[M]. 北京：清华大学出版社，2016.

以上的水平。①2021年麦肯锡全球研究院发布报告《中国的技能转型：推动全球规模最大的劳动者队伍成为终身学习者》，指出中国30多年的教育改革和发展培养了一支以适应工业经济发展需要为导向的劳动力队伍，而如今的挑战转变为推动中国的人才培养模式转型，提升劳动力技能水平，使之能够适应后工业经济时代对创新和数字化的需求。针对日益增长的复合型技术技能人才培养需求，复合型技术技能人才供需矛盾日益突出。随着不同生产领域与产业的交叉融合，培养一专多能、具备全方位解决问题能力的复合型技术技能人才，已成为高职院校满足未来产业结构升级对职业人才培养要求的内在需求。本章的上一节系统分析了高职院校人才培养模式的现状、存在问题及主要原因，在此基础上，要真正解决复合型技术技能人才培养需求、培养主体、培养质量问题，必须创新复合型人才培养模式，研究新的复合型人才培养模式内涵、构成要素及其相互联系与作用，在此基础上研究复合型人才培养模式内部与外部环境之间的关系及其相互作用的结果。只有创新高职人才培养模式，才能满足时代发展、社会发展对复合型人才的需求。

高职院校传统人才培养模式已经越来越不适应中国现代社会发展与未来经济发展的要求，无论是在主动适应和促进经济社会发展方面，还是在促进人的个性的全面的、创造性的发展方面都存在令人深深忧虑的诸多问题。当前，广东正处在转型升级的关键阶段，转型升级后的新产业迫切需要大批复合型人才，高职院校的人才培养质量在某种程度上将决定广东转型升级的成败。提升高职院校的人才培养质量，培养大国工匠、能工巧匠，更好地服务区域经济发展，是高等职业教育由追求规模扩张向提高质量转变的内在诉求和必然选择。高职院校实现高质量发展的关键在于有多元化的投入机制、适切的人才培养模式、高素质的师资队伍和科学合理的人才培养方案，而人才培养模式是人才培养最关键、最重要的因素，对于人才

---

① 中华人民共和国中央人民政府网.复合型技能人才更吃香[EB/OL].（2019-10-08）.https://www.gov.cn/xinwen/2019-10/08/content_5436811.htm.

培养的质量具有决定性作用。解决人才培养模式的创新问题是现代职业教育的重要任务。

二、高职复合型人才培养模式的层次结构

高职复合型人才培养模式是理论研究与实践探索的结晶，不仅决定人才培养的具体方式和实施途径，而且决定人才培养主体在人才培养过程中所能发挥的作用，决定人才培养的各种要素的影响方式和程度，并且从总体上规范人才培养过程，决定人才培养质量。高职复合型人才培养模式随着外部环境和内部结构因素的变化而变化，因高职院校的办学特色、办学层次的不同而不同，需要我们不断探索和不断更新。我们可以根据复合型人才的特殊性和社会需求，适当地调整人才培养模式的结构，通过不同人才培养方案的反馈调整，重新排列组合或增减各要素，最终形成不同的人才培养模式结构。实现人才培养模式的多样化就是要科学合理地排列组合人才培养模式各构成要素，使之适应社会经济变化发展和政治的需要，适应不同类型、不同层次人才的需求。

20 世纪 40 年代，理论生物学家贝塔朗菲在《关于一般系统论》中提出了一般系统论，指出一般系统论是研究"系统"的一般原理或普适性原理，该理论认为系统都具有共性，包括整体性、关联性、层次性、功能性和环境适应性等。系统的整体性的重要表现是整体的功能，整体不是各部分相加的和，各部分组成系统会涌现出新的功能。关联性是指同一系统的不同元素间是具有一定的相互联系与作用的，不存在任何孤立的单元。层次性是指系统具有层次结构，一个系统可以分成若干个子系统，而子系统也可以再分解，最终可以分解为元素。系统的层次性也表明系统内部是具有关联性的。功能性是系统的基本特性之一，任何系统都是具有功能的。系统的结构与环境共同决定系统的功能。不同系统的功能也不同，系统的功能是区分系统的外在表现。系统都处于环境当中，它与系统的环境不断

地进行物质、能量、信息的交换。外界环境的变化，会影响系统的特性，而系统的功能也会作用于环境，使系统稳定于环境当中，这就是系统的环境适应性。

依据一般系统论，我们认为高职复合型人才培养模式是一个系统。根据高职人才培养模式的内涵及其特点，从系统的整体性出发，以人才培养模式的一般结构来划分高职复合型人才培养模式的层次结构，如表4-1所示。

表4-1 高职复合型人才培养模式结构

内部结构组成	主要内容			主体结构组成	主要作用
培养理念	以人为本	全面发展	三全育人	政府	政策制定、经费支持、整合资源、指导监督、人才培养绩效评估
培养目标	全面发展、个性化发展社会主义建设者和接班人	高素质、德技并修、一专多能、具有国际视野的复合型技术技能人才	综合职业能力、职业精神、创新精神、工匠精神、劳模精神	行业	推进相关政策，指导、评价和服务，参与学校人才培养
培养方式	组建专业群，服务产业链，设置复合型专业	专业设置与区域重点产业匹配	专业（群）随区域产业结构动态调整	企业	育人主体、参与人才培养过程
培养内容	学岗对接、标准引领、以职业能力为本位	专业群模块化课程体系、实践教学体系	五育并举、"岗课赛证"融合育人	高职院校	主导力量、育人主体
培养过程	"信息技术+"教学融合、大类招生、跨界培养、因材施教	宽口径、多方向、多元化、复合化、国际化	育训并举、校企一体化、科教融通、"五个对接"要求	学生	学习主体、培养对象

续表

内部结构组成	主要内容			主体结构组成	主要作用
培养条件	"双师型"教师队伍、教学设施、教学资源	学分制管理、充足的经费投入、校企文化、实训基地和技术创新平台	教学手段、教学方法、学习评价、质量管理	教师	育人主体
人才培养质量评价	高职复合型人才职业能力测评	培养质量评价与反馈机制（第三方评价）	高职院校内部质量保证体系报告（诊断与改进）	科研院所	参与人才培养

  高职复合型人才培养模式结构的层次分为两个：内部结构和主体结构。高职复合型人才培养模式的内部结构由人才培养主体（谁培养）、人才培养理念（为什么培养）、人才培养目标和培养规格（培养什么人）、人才培养内容（用什么培养人）、人才培养过程（怎样培养人）、人才培养条件（实施保障）、人才培养质量评价（培养成效）和培养结果反馈等要素组成。复合型人才培养主体分为宏观层面的和微观层面的，宏观层面的人才培养主体是学校和企业，微观层面的人才培养主体是学校教师和企业教师。另外，政府、行业、科研院所也是高职人才培养的参与主体，学生是学习主体，这些要素构成人才培养模式的主体结构。

  现有研究较多强调"职业院校"和企业"双元"人才培养主体的重要作用，忽略教师队伍中的学校教师和企业教师两个隐性主体在人才培养中的重要作用。高职复合型人才培养主体包括高职院校、产教融合型企业、教师和企业教师。这些主体和要素之间所形成的稳定的主体关系样态和要素关系样态构成了高职复合型人才培养模式，如图4-1所示。这是一个人才培养模式内部结构与外部环境相互作用的循环开放的系统。人才培养模式的外部环境主要由政策法规、知识生产模式、区域产业、社会需求、生态环境、基础设施等方面构成，其中，政府政策、知识生产模式、社会需求和区域产业结构是外部环境中影响高职复合型人才培养的动力因素。

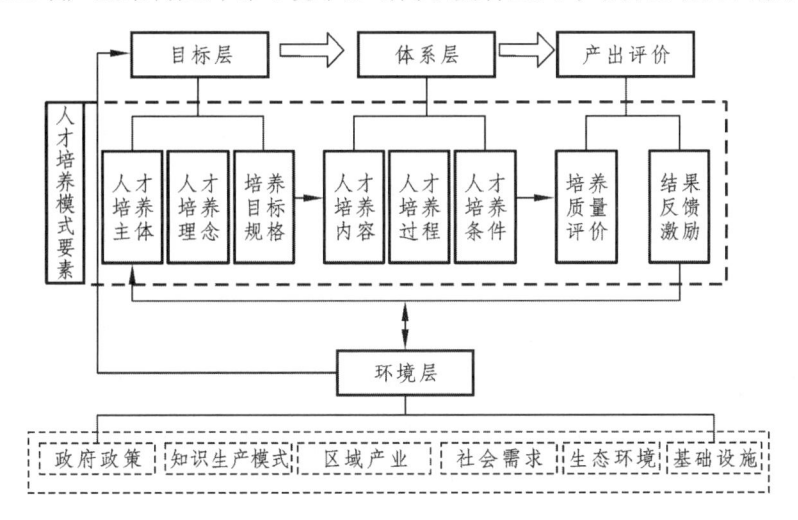

图 4-1　高职复合型人才培养模式构建框架图

长期以来，企业参与高职教育缺乏动力，为了促使企业真正成为高职人才培养主体，提升技术技能型人才培养质量，《国务院关于加快发展现代职业教育的决定》和《国务院办公厅关于深化产教融合的若干意见》均强调企业是职业教育人才培养主体。根据《加快推进教育现代化实施方案（2018—2022年）》和《国家职业教育改革实施方案》两个文件精神，进一步深化产教融合、校企合作，充分发挥企业在技术技能型人才培养和人力资源开发中的重要主体作用，《建设产教融合型企业实施办法（试行）》提出："建设产教融合型企业，按照政府引导、企业自愿、平等择优、先建后认、动态实施的基本原则开展。"从政策文本来看，国家通过在项目审批、购买服务、金融支持、用地政策等方面对建设培育企业给予便利的支持，对产教融合型企业给予"金融+财政+土地+信用"的组合式激励，强调发挥产教融合型企业的办学主体作用。现阶段的高职院校人才培养模式特征主要表现为产教融合、校企合作。因此，我们提出产教融合型企业是高职复合型人才培养模式中的培养主体。职业院校所在区域的经济发展、产业结构、政府政策、生态环境、基础设施建设和对外开放程度等对生源、人才、技术、企业等产生虹吸效应，影响职业院校的办学条件、师资队伍建设、专业人才培养、学生发展和社会服务能力等。[①]

高等职业教育作为一种跨界教育，校企双元主体作用在人才培养过程中表现为共谋、共建、共管和共享。综合职业能力是社会需求和人才培养的纽带。综合职业能力是现代职业教育的培养目标，传统精细分工的简单岗位工作正在被以解决问题为导向的"综合任务"取代，这对专业技术人员包括技能型人才的素质提出了新的要求。人们要想能够"持久被雇佣"，不仅应具备岗位能力，而且应当具备综合职业能力，除专业能力外，还包括诸如解决问题、自我学习、与人交流等关键能力和素质，因此综合职业能力应该成为现代职业教育的人才培养目标。复合型人才培养更是需要产教深度融合，学校教师和企业教师协同培养学生多样化、层次化的专业技术能力、职业变迁能力、社会普适能力和创业创新能力的复合性。

三、基于利益相关者理论的高职复合型人才培养之培养主体分析

利益相关者理论最初提出的应用领域集中在企业管理和公司治理，近年来该理论应用范围不断拓展，职业教育学大量文献基于利益相关者理论的研究不断丰富。1984年弗里曼在其专著《战略管理：利益相关者方法》中首次将利益相关者的概念升华为"利益相关者理论"。[②]有学者认为高等职业院校作为一个典型的利益相关者组织，人才培养工作的利益相关者主要涉及政府、高职院校、企业和学生四大利益主体，基于各自不同的立场和利益诉求，四大利益主体共同制约和影响着人才培养工作。从国家逻辑、知识逻辑、经济逻辑及个体逻辑等多元主体维度分析了利益相关者对高校

---

① 仇荣国. 技能型人才培养机理、模式与路径：主体利益演化视阈[M]. 长春：吉林大学出版社，2020.
② 党生翠. 网络舆情利益相关者研究述评[J]. 情报杂志，2020（1）：115-120.

本科人才培养方案制订的影响及作用机制，一是政府逻辑关注计划和管控，借助"政策法规—经费拨款—质量监控"嵌入人才培养的政治利益诉求；二是知识逻辑关注生成和创新，高校凭借"办学理念与办学定位—基本办学条件—教学管理制度"构建人才培养的知识内容体系；三是经济逻辑讲求回报与效率，市场通过"产业结构—岗位任职条件—就业文化"达成人才培养效益最大化；四是个体逻辑追求成才与发展，学生依靠"择校行为—专业选择—课程选择"构建人才培养的自我价值。[①]

根据利益相关者理论，高职复合型人才培养应充分考虑高校、企业、教师和企业教师等四个确定型利益相关者对人才培养的重要作用，其中，学校和企业"主体"，以产业学院等多种产教融合形态的职教共同体参与高职人才培养过程。政府虽然不直接参与人才培养过程中的某一具体项目的内在运营和管理，也不直接参与组织结构变革，但是政府的财政投入、经费拨款、资源配置权和主要领导任命权等综合支配权决定了政府是产教融合、校企合作、工学交替和产学结合的主导者、引领者、推动者和影响者。政府主要通过制定、颁布和完善相关法律、政策、制度、规划、纲要以及评估认定、激励、推动、质量监控等方式对高职院校的复合型人才培养产生直接或间接的重大影响，主导、影响和推动职业院校的制度创新、组织结构创新、人才培养模式创新的方向、内涵和路径，引导、影响和认定利益相关者的合作平台，系统提升复合型技术技能人才服务区域经济和产业转型升级，为区域产业发展培养复合型技术技能人才，达到充分就业、共享利益和共同发展的目标。

企业的运营离不开人才资源，包括技术技能人才，尤其需要复合型技术技能人才。企业获得复合型人才资源的实现途径一般包括三个方面：一是企业自身培养，这种方式不仅受到数量上的限制，而且受到时间和成本等资源的限制；二是通过猎头公司从其他类似知识属性的企业高薪"挖掘"

---

① 黄巨臣. 高校人才培养方案中的利益相关者逻辑及其作用机制[J]. 北京社会科学，2021（10）：56-65.

技能大师、复合型技术技能人才等，这种方式不仅增加了企业的人才成本，而且可能引起潜在和直接竞争对手的报复，造成恶性循环；三是企业和职业院校合作，形成共建共育人才、共管共享人才的良性互动。因此，企业参与职业教育技能型人才培养，既是企业自身发展的内在需求，也是企业实现股东利益最大化的需求，更是企业承担社会责任的一种表现形式。企业是职业教育的直接受益者，由此可以推导和形成如下结论：企业和学校同为办学主体的前提下，平等协商共建校内外实习实训基地、共建产业学院、共建专业、共建技能大师工作室、共建技术技能创新平台，共同制定和实施人才培养方案，以及接受学生工学交替，企业教师给学生上课并指导学生完成顶岗实习和毕业论文（设计），提供岗位给学校教师下企业实践锻炼、开展技术服务和项目研发等，形成全方位、全过程参与复合型技术技能人才培养模式，有利于实现企业的转型、升级、健康和可持续发展。

在利益主体中，职业院校及构成职业教育的主体学校是技能型人才培养多元主体的直接参与者，也是多元利益受益者。在复合型人才培养过程中，学校依据地方经济、产业发展状况、行业现状和企业人才需求规划，把企业岗位技术标准、行业标准等纳入课程人才培养体系，与企业共同设计人才培养方案，共同管理校内实习和校外实训，另外，学校创造、鼓励和激励教师参与企业的员工培训、继续教育、技术改造、科技创新和交易流程等多类型项目，让教师既可以学习和掌握企业的先进技术技能和了解企业岗位需求，服务学生；也可以更新自身的知识，提高服务地方经济、产业和推动区域经济社会发展的能力。

第三节　高职复合型人才培养模式构建

迄今为止，我国的高职人才培养模式还是以理论知识为中心的，而不是以职业要求为中心的。针对高职复合型人才培养存在的诸多现实问题，高职院校到底应该如何构建复合型技术技能人才培养模式，是一个理论研究上的难题，更是一项艰巨的、复杂的、系统性的工程。以高水平专业群建设为抓手促进高职教育内涵发展，以构建复合型人才培养模式促进学生全面发展、多样成才，不仅是对原有人才培养模式的根本改革，而且是高职人才培养工作的创新研究，是"双高计划"背景下高职院校教学改革的内在需求，是复合型、创新型人才培养的理性选择。

一、树立高职复合型人才培养理念

人才培养理念是人才培养模式构建的指导思想，是人才培养的关键，支配着培养目标、培养体系、培养方式与途径及其培养机制等。有什么样的培养理念，就有什么样的人才培养模式。树立正确的人才培养理念是做好人才培养工作的前提性条件。无论什么样的人才培养模式概念都离不前提性的要素，即学生是怎样的人，把学生当成抽象的人还是具体的人？是工具人还是社会人？是个性化的人还是同质化的人？新时代的今天，职业岗位越来越呈现出高端化和复合化的趋势，高职教育要适应社会的发展就需要树立"复合型"人才观，这是现代社会发展的客观要求，是高职教育实现高质量发展的必然选择，也是高职复合型人才培养的应然选择。随着高职教育的全面发展，人本思潮的深入人心，高职教育的根本任务是立德树人，促进学生的全面发展和个性发展；实践措施是采取人性化方式和手段，关爱、关注、关心学生的发展；内涵是基于获得收获幸福的情感、素质、能力的知识技能和体验；路径是能够促进学生思想品德发展、身心素质健康、技术技能提升、工作生活快乐等相关举措。

许多学者从不同层面阐述了高职人才培养理念，概述起来主要有以下几种：第一，高等职业教育是一种主体教育。传统高等职业教育追求的是对受教育者进行某种技能教育，使之成为某种会劳动的工具，强调受教育者对教师、学校和社会的机械服从和顺应，忽视了受教育者的个性差异和主体性，是"见物不见人"，即把受教育者当作教育的客体加以塑造，而不是当成教育的主体来加以培养，其塑造出来的人"人"味很淡，"物"性十足，满身"机油味"，既缺乏主体意识和创新精神，也缺少必要的职业道德。因此，高等职业教育必须面向全体学生，注意学生个体差异，促进人的个性在职业领域里全面发展。同时，工具的功利性、技术的唯一性、管理的敌对性、教学的灌输性等都必须转变。整齐划一的专才教育往往抹杀受教育者的个性，违反教育自身的规律和人的成长规律。第二，高等职业教育既是一种就业教育，同时也是一种全民教育，是在满足社会上个人的需要和开发个人潜能的同时，为所有人提供技能的教育，促进所有公民的就业。全民教育就是要面向人人，为不同学习者提供多元化的入学渠道和学习方式，努力使教育选择更多样、成长道路更宽广；要育训并举，学历教育与培训并重，面向在校学生和全体社会成员开展职业培训，为校园和职场之间灵活转换提供更加便捷的通道，让更多青年凭借一技之长实现人生价值。第三，高等职业教育要从就业教育走向创新创业教育。我们处在一个日新月异的知识经济时代，仅在某一特定领域受过培训的人是不可能适应新工作的，而且我们不可能担保有哪一个领域可以保持不变，最根本的问题在于 21 世纪的大部分就业机会还有待创造。因而要增强受教育者的创造意识和创业能力，这是一种全新的自我就业的能力，这种能力能实现与市场行为的结合，它使受教育者有更广阔的发展空间。从就业教育到创业教育，既是世界职业教育的总趋势，也是中国高等职业教育改革和发展的必然选择。第四，由于社会基础发生了变化，高等职业教育理念也不断变化，职业教育从生产性转入生活性模式。人的社会主体地位比以往任何时代都高，主体性比以往任何时代都强，充分发挥每个人的个性与聪明才智，在社会生活中主动创新、创造将成为新时代人们基本的劳动方式。第五，高职教育是一种培养复杂能力的教育。在新的职业教育人才培养结构下，大多数职业对劳动者的知识能力要求越来越复杂，劳动者要具备较为完善的理论知识和综合分析问题、解决问题的能力，才能较好地胜任职业岗位。

随着社会的发展，高职教育理念不断创新和变化，产教融合、科教融汇、普职融通的现代职业教育体系的构建，使高等职业教育发展为人人都能成为终身学习者的、人人都能出彩的全民教育。它不再仅仅是为了谋生，而将是不同个性、兴趣、爱好的人用以充实自我的一种多姿多彩的职业生活教育。高职教育把人、职业、生活紧密联系在一起，其社会地位日益凸显，高职教育即将回归它的本真价值与社会地位，即为学生的个性自由、全面发展而服务，追求工具性价值和发展性价值的统一，因此，树立复合型人才培养观是构建高职复合型人才培养模式的前提条件。以人为本的复合型人才培养理念是当代中国社会发展和时代进步的客观趋势和要求，也是推动中国社会进一步发展的指导思想。

产教融合具备跨越教育与产业的双重特点，覆盖"产业"和"教育"、"学校"和"企业"、"生产"和"教学"三个层次。产教融合是政府、产业、高校之间的相互作用与联系，是人才链、产业链和教育链的融合，产教融合是教育与生产要素有机结合的一种形式，校企合作是产教融合的核心。从市场逻辑来看，产教融合是高等职业教育的再社会化和市场化。从知识逻辑来看，产教融合是不同类型的知识、技术相互融合，是高校与企业之间知识的流动和增值，是知识、技术的跨界融合与创新，而经济发展与结构调整必须依赖知识和技术的不断创新。产教融合是国家将职业教育资源势能转化为推动经济增长的动力，通过深化产教融合，最终实现高职院校办学效益，提升人力资源质量。本书提出在高职复合型人才培养模式中，产教融合是复合型人才培养的核心理念。

人才培养理念是一种教育思想的影响，对人才培养模式转型升级具深远的意义，影响着高职复合型人才培养目标和培养规格。目标和培养规格比较高，培养方式也需要升级，培养方式影响着培养效果，进而反馈社会调节人才培养理念。三者相互关联，共同促进高职复合型技术技能人才培养质量。高职复合型人才培养模式应坚持价值塑造的思想引领，坚持以人为本的全面发展，坚持深化产教融合、校企合作，实现价值引领与能力培养有机统一；以复合型人才为培养目标的模块化课程体系为载体，实施宽口径、多方向、国际化培养；以 1+X 证书制度为路径，搭建复合性较强的专业群学习平台，培养复合型综合知识；强化产教深度融合，突出复合能力的跨界培养；加强科创融通，培养创新能力和创新精神；以职业技能等级证书为纽带，构建开放式终身学习职教体系。

二、构建多样化的高职复合型人才培养目标定位

（一）高职教育人才培养目标演变

高职院校人才培养目标是学校对所培养人才基本规格和类型的基本规定，是人才培养模式改革的主要依据。职业是载体，决定了高职教育的人才培养方向与逻辑；高职教育人才培养的逻辑起点是职业对人的要求。高等职业教育区别普通教育最为重要的特征是培养目标不同所带来的培养方法的不同，即按照职业的逻辑进行人才培养。高等职业教育人才培养目标是随着高等职业教育的发展而逐步清晰的。随着社会经济的发展，我国高等职业教育人才培养目标在不同时期有不同的阐述，高职教育改革的一系列政策文本中关于人才培养目标的表述较为鲜明地体现出高职教育人才培养目标的演变过程及特点，详见表 4-2。

表 4-2　国家教育政策文件关于职业教育人才培养目标定位的表述

人才培养类型	国家教育政策文件名称	相关表述	关键词
技能型人才	《教育部关于以就业为导向深化高等职业教育改革的若干意见》（教高〔2004〕1号）（已废止）	培养各类高质量人才	高质量
技术技能型人才	《教育部等七部门关于进一步加强职业教育工作的若干意见》（教职成〔2004〕12号）	加快培养企业急需的技术技能型人才、复合技能型人才以及高新技术产业发展需要的知识技能型人才	技术技能型人才、复合技能型人才、知识技能型人才

续表

人才培养类型	国家教育政策文件名称	相关表述	关键词
技术技能型人才	《教育部关于深化职业教育教学改革全面提高人才培养质量的若干意见》（教职成〔2015〕6号）	适应技术技能人才成长需要	技术技能人才
复合型技术技能人才	《国家教育事业发展第十二个五年规划》	高等职业教育重点培养产业转型升级和企业技术创新需要的发展型、复合型和创新型的技术技能人才	复合型技术技能
复合型技术技能人才	《国务院办公厅关于深化产教融合的若干意见》（国办发〔2017〕95号）	增强复合型人才培养能力	复合型人才
复合型技术技能人才	《国家职业教育改革实施方案》（国发〔2019〕4号）	深化复合型技术技能人才培养培训模式	复合型技术技能
复合型技术技能人才	《教育部、财政部关于实施中国特色高水平高职学校和专业建设计划的意见》（教职成〔2019〕5号）	着力培养一批产业急需、技艺高超的高素质技术技能人才；深化复合型技术技能人才培养培训模式改革	高素质技术技能、复合型技术技能
复合型技术技能人才	《教育部等四部门印发〈关于在院校实施"学历证书+若干职业技能等级证书"制度试点方案〉的通知》（教职成〔2019〕6号）	深化复合型技术技能人才培养培训模式和评价模式改革、加快培养复合型技术技能人才	复合型技术技能
复合型技术技能人才	《教育部关于职业院校专业人才培养方案制订与实施工作的指导意见》（教职成〔2019〕13号）	加快培养复合型技术技能人才	复合型技术技能

2004 年,《教育部关于以就业为导向深化高职教育改革的若干意见》提出"坚持培养面向生产、建设、管理、服务第一线需要的'下得去、留得住、用得上',实践能力强,具有良好职业道德的高技能人才"。时任教育部长周济提出培养"数以千万计的高技能人才"。

2005 年,《国务院关于大力发展职业教育的决定》指出高职教育要培养"高素质劳动者和高技能专门人才"。

2006 年,《教育部关于全面提高高职教育教学质量的若干意见》提出培养"高素质技能型专门人才"。

2011 年,《教育部关于推进高等职业教育改革创新引领职业教育科学发展的若干意见》(教职成〔2011〕2 号)完整地提出了"高等职业教育具有高等教育和职业教育双重属性""以培养生产、建设、服务、管理第一线的高端技能型专门人才为主要任务"。

2012 年,《国家教育事业发展第十二个五年规划》(简称为《规划》)明确提出"高等职业教育重点培养产业转型升级和企业技术创新需要的发展型、复合型和创新型的技术技能人才"。国家首次在《规划》中提出复合型、创新型的技术技能人才,强调"复合""创新",也就是说高职教育培养的人才不仅要懂技术、会操作,还必须有创新能力。

2013 年,党的十八届三中全会《中共中央关于全面深化改革若干重大问题的决定》强调培养"高素质劳动者和技能型人才"。

2014 年,《国务院关于加快发展现代职业教育的决定》(国发〔2014〕19 号)明确提出培养"高素质劳动者和技术技能人才""要创新发展高等职业教育,培养服务区域发展的技术技能人才"。《国务院关于大力发展职业教育的决定》和《国务院关于加快发展现代职业教育的决定》,都提到了高等职业教育要培养"高素质、高技能"的"双高"型技术技能人才。

2015 年,为贯彻落实全国职业教育工作会议精神和《国务院关于加快发展现代职业教育的决定》(国发〔2014〕19 号)要求,教育部印发《关于深化职业教育教学改革全面提高人才培养质量的若干意见》,提出要提升我国技术技能人才培养的国际竞争力。

从高素质技能型到高端技能型，再到技术技能人才，尽管都是技能型人才，但同一层次技能型的层级在不断提升。我国高职院校在十多年时间里，人才培养目标定位在教育部文件中出现这么多个名词，说明我国高职院校人才培养目标定位是不清晰的。

2017年12月，《国务院办公厅关于深化产教融合的若干意见》（国办发〔2017〕95号）提出紧密围绕产业需求，强化实践教学，完善以应用型人才为主的培养体系。推进专业学位研究生产学结合培养模式改革，增强复合型人才培养能力。

2019年，国务院印发的《国家职业教育改革实施方案》明确指出"随着我国进入新的发展阶段，产业升级和经济结构调整不断加快，各行各业对技术技能人才的需求越来越紧迫，职业教育重要地位和作用越来越凸显"。"双高计划"提出"着力培养一批产业急需、技艺高超的高素质技术技能人才"，强调要"培育和传承工匠精神""加强学生认知能力、合作能力、创新能力和职业能力培养"等[1]，正是高水平高职院校技术技能人才培养的价值追求与高职教育人才培养目标的具体体现。教育部等四部门印发《关于在院校实施"学历证书+若干职业技能等级证书"制度试点方案的通知》，提出"坚持以学生为中心，深化复合型技术技能人才培养培训模式和评价模式改革"[2]。1+X证书制度框架下的高职教育需要重新定位学历教育的培养目标。1+X是学历证书与职业技能等级证书相结合的证书制度。学历证书的取得是人才培养要达到的基本要求，技能等级证书的取得

---

[1] 中华人民共和国中央人民政府网.教育部财政部关于实施中国特色高水平高职学校和专业建设计划的意见[EB/OL].（2019-03-29）.http//www.gov.cn/zhengce/zhengceku/2019-10/23/content_5443966.htm?eqid=eac17b940001ae890000000464986a52.

[2] 中华人民共和国教育部政府门户网站.教育部等四部门印发《关于在院校实施"学历证书+若干职业技能等级证书"制度试点方案》的通知[EB/OL].（2019-04-04）.http：//www.gov.cn/zhengce/zhengceku/2019-10/23/content_5443983.htm.

是人才培养的特色化要求。1+X作为证书制度，其背后所蕴含的是人才培养模式改革，即通过作为基础的核心内容与可选择的单项技能相结合的学习模式，培养具备核心职业能力的复合型技术技能人才。因此，实施"学历证书+若干职业技能等级证书"（简称"1+X证书制度"）的根本目的是培养复合型技术技能人才。同年6月，教育部发布的《教育部关于职业院校专业人才培养方案制订与实施工作的指导意见》（教职成〔2019〕13号）要求构建德智体美劳全面发展的人才培养体系，突出职业教育的类型特点，深化产教融合、校企合作，推进教师、教材、教法改革，规范人才培养全过程，加快培养复合型技术技能人才。

近十年来，我国高职院校的人才培养目标定位从注重培养学生的专业技能和专业能力转变为注重培养学生的综合能力、创新能力、复合能力。复合型技术技能人才培养目标经过缓慢曲折的探索过程，现已经逐步成为"双特高"院校高水平专业人才培养目标，并对全国范围内其他高职院校人才培养的目标定位产生影响。复合型人才培养目标的演变过程实际上是我国职业教育突破传统的职业教育观，树立大职业教育观的过程。

（二）高职复合型人才培养目标定位

国际上普遍的做法是将应用型人才分为工程型、技术型和技能型。工程型人才主要由普通本科院校培养，技术型人才主要由两年制或三年制专科层次的技术教育培养，技能型人才主要由中等职业教育来培养。然而工程型与技术型以及技术型与技能型相互之间有交叉的部分，随着科学技术的发展以及技术结构的变化，美国、英国等发达国家以及中国台湾地区相继出现了四年制本科层次的技术教育，并在技术型人才培养上取得了成功的经验。

从社会需求的角度来看，我国的高等职业教育"以就业为导向"，面向社会经济发展和产业结构调整实际需求，复合型技术技能人才培养目标定位应以社会经济发展和产业结构调整为着眼点，为行业企业提供一线生产、建设、管理、服务所需的高素质复合型技术技能人才;从个体发展的角度来看,要反映"人"在高职教育中的主体地位,尤其是要重视人的主体性、个性的发展,复合型技术技能人才培养定位必须"以能力为本位",培养学生动手实践能力和技术的实际运用能力,不断提升学生的就业竞争力和职业胜任力。高职复合型人才培养以职业生涯为本位确定的培养目标必然是多层次(体现递进性)和多方向的(体现多样性)。

根据复合的因素、知识结构的不同以及工作内容、场域和岗位能力的分类,高职院校复合型技术技能人才可以分为三种类型:国际化复合型技术技能人才、跨专业复合型技术技能人才、现场工程师。

职业教育应该明确把人才培养目标定位在培养直接从事产品生产的人或服务提供者。当前产业发展的最大弱项是什么、最缺的人才是什么、文化中最缺的精神是什么?不是理念、方案、图纸,也不是战略、管理,而是理念和战略所转化成的高质量产品或服务,是愿意把理念和战略转化为高质量产品或服务的技能人才,是愿意从事高质量产品生产或服务提供的精神。[①]

各专业群必须以未来岗位需求为导向,确立复合型技术技能人才培养定位。首先,需要广泛开展行业企业调研,了解全国同类高职院校专业设置情况、专业群人才培养情况,对专业设置、人才培养现状和企业的人才需求规模以及职业岗位要求进行分析。其次,优化专业设置,优化专业人才培养方案和课程体系。复合型技术技能人才培养的根本导向是满足产业结构调整对人才类型的内在需要,市场环境变化决定着岗位存在的周期长短。根据市场需要对复合型人才需求作出前瞻性预判,设置复合型专业,停招或合并过时的专业。以高速铁路综合维修技术专业为例,经广泛调研铁路企业,调研结果显示,毕业生需具备信息系统应用与维护,结合部联合作业和工务、电务、供电专项作业三方面岗位能力,而且企业非常看重

---

① 徐国庆. 什么是职业教育——智能化时代职业教育内涵的新探索[J]. 教育发展研究,2022(1):20-27.

团队协作能力、人际交往能力、解决问题能力、学习能力和创新能力等关键能力。我国铁路高职院校开设了铁道工程技术、道路桥梁工程技术、铁道信号自动控制、铁道供电技术等专业，按照线路工、桥隧工、信号工、接触网工等岗位需求，培养从事铁路基础设施各专项日常维修养护工作的技术技能人才，教学内容与高铁综合维修需求相差较远。人才培养标准与铁路企业职业技能标准脱离，课程设置和课程标准等存在一定的欠缺，导致人才培养效果欠佳。毕业生的专业技能单一，融合度不高，应急处置能力不足，即使参加了企业组织的职工培训，也难以满足高铁站段一体化改革对复合型技术技能人才的新需求。

高铁综合维修技术专业应对接高速铁路发展需求，准确定位专业人才培养目标。该专业人才培养面向的职业岗位为铁路基础设施运维领域的高铁综合维修工、铁路线路工、铁路桥隧工、铁路信号工、接触网工、电力线路工，既能从事高速铁路线路、路基、桥涵、隧道、信号、接触网、电力等设备设施的检查、故障诊断及应急处置、一般性养护维修等工作，也能从事普速铁路工电供综合维修生产一体化工作，确定高铁综合维修技术专业的人才培养目标是培养具有良好职业道德和人文素养，掌握高速铁路线路、路基、桥涵、隧道、信号、接触网、电力等设备设施综合维修一体化知识和技术技能，能够从事高速铁路基础设施运营维护和普速铁路综合维修一体化生产工作的具有良好综合素质、迁移能力和适应能力的复合型技术技能人才。

三、组建专业群

（一）专业群的组建

随着社会产业的交互融合，高职专业逐步走出各自独立发展的格局，取而代之的是构建跨专业、跨领域的新型专业发展形态——专业群。专业群的组建是一个专业与产业相互融合的过程，专业群建设是促进区域产业良性发展的基础性工程,产业集群的转型升级有赖于高职院校人才的供给。专业群建设可以实现人才培养与岗位需求的无缝对接,促进人才供给侧与产业需求侧要素的融合及发展。因此,专业群组建必须遵守的原则是对接产业集群、面向职业岗位群。"双高计划"指出,专业群建设应"面向区域或行业重点产业",其使命是主动适应区域经济社会发展需求,加强专业链与产业链的对接,其核心是高职院校围绕相应的产业链或产业领域设置各专业,对接区域产业链发展需求,并按照基础供给侧和产业需求侧结构要素全方位融合。专业群打破原有专业各自发展的弊端,通过不同的组建逻辑形成新的专业群,通过专业群实现各专业优势互补,产生各专业独自无法产生的集聚效应,进而培养学生的专业能力、社会能力和方法能力。对高等职业教育而言,构建适应地方产业发展分布和技术升级需求的专业集群,深化产教融合,有赖于专业群与产业集群之间的深度对接和有效联动。一方面,专业群内各专业主动对接产业集群中的某一重点产业或岗位群,形成专业与产业、专业群与产业集群间的对应关系。另一方面,建立专业群与产业群间联动机制。

专业群开发可以分为六个依次递进的步骤:组群决策—专业群建设方案开发—专业群课程门类开发—专业群课程方案开发—专业群课程内容开发—专业群质量保证体系开发。组群决策需要形成专业组群的具体方案,即关于组建哪几个专业群,每一个专业群由哪几个专业组成的结论。此结论的形成同时意味着组群决策也完成了,为了确保专业群组群和开发决策的科学性,使决策结果具有可行性,决策过程中需要采用一些成熟的决策方法,主要有 SWOT 分析法、SMART 原则、5W2H 分析法。只有综合运用这些方法才能形成较好的专业组群的具体方案。

专业群建设方案开发共包括六个环节:①根据组群决策结论和方案开发的依据文件,设计详尽的预期成果清单,清单中列举成果具体名称、内涵、数量或其他检验指标等;②从预期成果清单反推得到重点任务项目,并与设计依据文件进行比对,得到完整的重点任务项目清单,该清单包括任务项目名称、内涵、任务指标、实施路线、计划进程、配套经费、需要的保障措施等；③比较专业群现有基础数据，找到难点问题，提出难点问题的解决思路、对策及必须具备的保障条件等，并补充到重点任务项目中，提升方案的可实施性；④比较潜在同行竞争者的基础数据，找出差距或优势，提出具有竞争力的"补差""固优""创新"等系列任务项目，并补充到重点任务项目中，提升方案的竞争力；⑤提炼建设目标、组群逻辑、指导思想、建设思路、建设理念等内容项目或内容要素，形成完整的群建设方案；⑥经多轮次的研讨和修改，使建设方案趋向卓越，其间共需经历多少个轮次并没有确定的数量，如笔者所在团队的体会，至少需要经历10个轮次。专业群建设方案确定了专业群在产业、行业、职业中的布局，以及各专业在布局中的分工，根据这一布局和分工，专业群人才培养的总目标以及各专业的分目标也就确定了。接下来需要确定专业群课程方案框架由哪几大类课程组成，每类课程由哪几门具体课程组成，以及每门课程的内容要点，这就是群课程门类开发。群课程门类开发的成果是形成专业群课程库，课程库是将每一门课程按群课程门类框架重新界定类别，并对应划入课程门类框架后形成的产物。①

  高职院校专业群建设应借鉴产业集群的组织方式，以服务特定产业链中某一具体活动为目的，结合其办学定位，集结不同专业进行组团式技术实践。高职院校应充分发挥学校特色优势专业的影响力，以建群的思想统筹专业教学资源，强化群内专业间融合，以分层次、逐步推进的工作方式，集合学校多方优势，组建专业群，并把更多的教学资源及工作中心转移到专业群建设过程中，发挥群体效应，以特色、品牌或重点专业带动群发展。同时，将产业契合度作为主要的专业设置和评价指标，围绕区域产业发展，增设与区域产业相关的特色专业，呈现"特色建设、突出重点"的专业体系，以专业升级服务区域产业转型。

---

① 张铮,刘法虎,陈慧.新时代职业教育专业群开发研究与实践[M].武汉：华中科技大学出版社，2021.

（二）专业群的建设

专业群是专业的组合体，专业群内部专业的结构匹配是随社会产业链的需求变化而进行分解和重组的，旨在以高效的动态组织演化应对和缓解外部社会经济环境的不断变化及产业需求的多样性。从本质上说，专业群是跨专业知识交流的平台，是将单个专业与其他专业的技术经验、知识进行重新编码的教学组织单位，其具体组织方式是将复杂化、多样化的学科课程知识通过模块化的形式拆解和集中，整合为相对独立的子系统。

产业是经济社会发展的重要组成部分，高职教育深化产教融合，实现产业与教育的协同发展，离不开产业对专业群的基础支撑。一组地缘上接近的企业、机构、行业协会及政府服务组织，基于分工基础上的共同性、互补性，连接在一起的结构形式，称为产业集群。高职教育在服务产业链的构建与形成要求下，需要与产业链环节进行对接，提供的专业知识技术资源要契合产业链发展的整体价值走向，才能更好地为链上相关企业提供知识、技术支持和人才支撑。[①]根据产业集群发展理论，产业链建设及发展也多呈现区域性、协同性和多元性的特点。区域产业的发展能够提高区域产业集群的聚集效应、规模效应和影响效应，有效提高区域产业的竞争力。高职院校专业群的建设过程中，应时刻关注区域产业岗位的变化。产业对人才规格需要的变化直接影响着职业院校培养方案的变化。人才培养方案必须是校企合作共建，确保高职院校及时了解产业发展动态，以企业新岗位对复合型人才的要求为依据，及时调适人才培养方案，适应技术融合及不断催生的人才培养需要。人才培养方案是实施人才培养过程的主要依据，职业院校人才培养的内容主要包括：通用知识学习、职业技能培养和职业素养培育。对应到专业群人才培养方案设计中应顺次实现知识、技能和素养的阶梯递进。在专业设置上，应以产业链岗位需求为载体动态调整专业结构；在专业课程设置和设计上，应与对应的目标岗位相对接，由行业、

---

① 卢福财. 产业经济学[M]. 上海：复旦大学出版社，2012.

企业专家共同参与完成；在课程教学实施上，应采用理实一体化的教学方式，利用产教融合教学平台或实践教学基地，创建真实或虚拟的工作场景，与生产过程相结合；在教学评价上，应与培养目标相耦合，采取评价方式多样化、评价主体多元化、评价内容职业化的评价过程。

高职院校专业群建设应以深化产教融合逻辑为主线，以区域产业发展为依据，对接产业调整和岗位需求，建立专业群动态调整机制，服务区域经济建设。学校必须充分考虑未来一段时期内区域重点产业布局、业态更新和职业岗位需求，优化专业群结构，以国家倡导和区域经济、社会发展需求增长的产业类型为主线，增设与新兴产业相关的专业，调整、合并现行专业，超前规划可预见专业，撤销口径小、就业面窄、专业布点少、与区域产业发展关联度低的部分专业。因此，高职院校需要建立专业群动态调整机制，应关注产业发展态势和实际需求，对人才培养的规模、结构和质量进行科学配置和前瞻性分析，及时对专业结构进行调整优化。同时，学校要成立专业群发展咨询委员会，委员会把握高等职业教育的发展趋势，研究高等职业教育与教学改革和发展的全局性重大问题，研究专业结构和布局，指导制定学校专业群发展规划，调整专业设置和专业群建设方案编制，并对高水平专业群进行项目管理、检查、考核评价和经费管理等工作，强化高水平专业群建设过程管理。

各二级学院除了建立专业建设委员会之外，还要建立专业群建设委员会。专业群建设委员会由专业群牵头专业所在二级学院负责组建，邀请行业、企业专家担任专业群建设委员会主任，负责开展产业发展研究、产业人才需求调研分析，为专业群对接产业、准确定位提供科学可靠依据；指导修订专业群发展规划资源配置、课程开发、基地建设等；开展专业群建设与评价，建立专业群动态调整、协同共振和优胜劣汰机制，与时俱进地调整专业布局、优化专业结构、丰富专业内涵；开展专业群教学诊断与改进工作，保障专业群高质量持续健康发展。

四、设计和制定专业群人才培养方案

(一) 专业群人才培养方案设计和制定的原则

产教融合理论指出,职业院校办学应借助经济模式强化其技术积累途径,以技术创新、社会服务等内容为媒介,实现学校、企业、产业间的关联。根据教育的内外部关系规律,高职复合型人才培养必须服务区域产业,适应社会需要,满足社会需求,促进社会发展。高职院校必须遵循社会适应原则、市场需求原则,结合自身办学特色,树立"立德树人、素质本位、以人为本、全面发展"的复合型人才培养理念,适应新技术、新产业、新业态对新时代人才培养提出的新要求。专业群人才培养方案集中体现产教融合的深度,是人才培养模式改革的出发点和落脚点,是培养复合型技术技能型人才的有效途径,是提升高职院校人才培养质量的关键。复合型人才培养方案的设计和制定应遵循以下几个方面的原则。

1.坚持"三全育人"与"五育并举",促进学生全面发展

人才培养坚持以育人为本,促进学生德技并修、全面发展。专业人才培养方案应体现以学生为中心,遵循职业教育规律和学生身心发展规律,以培养德、智、体、美、劳全面发展的中国特色社会主义合格建设者和可靠接班人为各专业人才培养的总目标,构建德智体美劳"五育并举"的人才培养体系,实施全员、全程、全方位育人,促进学生的全面发展与可持续发展。

2.坚持以成果导向理念为指导思想,开发专业群人才培养方案

成果导向理念内涵丰富,对教育教学的指导是全方位的,就人才培养方案的开发而言,大体有以下三个方面的要求。一是人才培养方案需要适用于专业的全体学生,并且要给学生提供差异化的学习选择。二是人才培养目标要内涵明确,并逐级分解落实,也就是说,要为学生构建出最终达成目标的清晰蓝图,这一蓝图自上而下可分解成"培养目标""毕业要求"

"课程目标""课堂教学目标"等几个层级,下一级目标支撑上一级目标,形成一条一以贯之的目标链。三是围绕培养目标的达成要提供足够的支撑。

3.坚持校企"双元"育人,促进产教深度融合

校企共同研究制定人才培养方案,系统设计专业群课程体系。专业人才培养方案的开发应以职业教育国家教学标准为基本遵循,以专业群相对应的职业岗位群需要和职业标准为依据,按照实际工作任务、工作过程和工作情境构建专业群模块化课程体系。专业人才培养方案应体现"培养目标—学生核心能力—课程设置"之间的关联性。学生核心能力决定课程设置;课程设置必须与工作任务密切联系,要覆盖和支撑学生核心能力,学生核心能力要支撑培养目标。围绕核心职业岗位,拓展2个以上相近职业岗位,从岗位需求出发,构建任务引领专业课程,增强学生适应企业的实际工作环境和完成不同岗位工作任务的复合能力。

4.坚持以职业能力为本位,以"五个对接"为基本要求

专业人才培养方案的开发必须以职业能力为本位确定课程内容,以"五个对接"为基本要求,即"专业与产业、职业岗位对接,专业课程内容与职业标准对接,教学过程与生产过程对接,学历证书与职业资格证书对接,职业教育与终身学习对接",培养方案的内容要涵盖职业标准和企业岗位要求,培养方案要融入新时代、新形势下区域经济发展对人才培养的新要求,突出专业领域的新知识、新技术、新工艺和新方法,培养学生在复杂的工作关系中做出判断并采取行动的综合能力。

(二)专业群人才培养方案设计和制定的要求

1.人才培养方案设计应聚焦区域产业发展

"十四五"时期,我国经济发展已由高速增长阶段转向高质量发展阶段,经济结构和产业结构的不断优化调整引起人才需求要素的变革。因此,首先高职院校必须聚焦区域主导产业,以产教融合为逻辑开展专业群建设,建立健全行业企业、第三方评价机构等多方参与专业人才培养方案动态调整机制，不断提升专业群人才培养方案对接产业链的适应性，这就需要高职院校突破单一主体办学体制，建立校企双元主体办学体制。其次，由于我国处于产业结构转型与升级时期，高职院校必须建立专业（群）动态调整和优胜劣汰机制，调整优化专业结构以适应产业结构发展对技术技能型人才的需求，使专业设置紧密对接区域产业格局和支柱产业分布，做到专业设置紧跟产业发展趋势和行业人才需求的发展变化而变化，实现专业结构与区域产业结构相匹配。最后，《国务院办公厅关于深化产教融合的若干意见》提出紧密围绕产业需求，强化实践教学，完善以应用型人才为主的培养体系。推进专业学位研究生产学结合培养模式改革，增强复合型人才培养能力。

2.人才培养方案设计应充分发挥企业主体作用

人才培养方案制订是一个复杂的系统工程，是理论研究与现实问题的结合，要体现社会发展需求与个体发展需求的统一。从利益相关者角度来看，高等职业院校作为一个典型的利益相关者组织，专业人才培养方案受到政府、学校、企业、学生等多方利益诉求的影响。根据《关于职业院校专业人才培养方案制订与实施工作的指导意见》，职业院校应成立专业建设委员会，行业企业专家、教科研人员、一线教师和学生（毕业生）代表等共同做好专业人才培养方案制（修）订工作。这就明确了专业人才培养方案以专业建设委员会为单位制订，打破了以专业为单位制订专业人才培养方案的机制。高职院校应主动聘请行业企业专家担任专业建设委员会主任或副主任，参与人才培养方案制订和实施，包括确定人才培养目标和规格、课程设置论证以及教学实施等；同时，学校应制订相应的人才培养方案校企共建和实施的管理制度，确保校企共同制订和实施专业人才培养方案落地。

3.人才培养方案要适应区域产业人才需求的变化

产业对人才规格需要的变化对高职院校人才培养方案提出了新要求。随着劳动力密集型产业结构向技术密集型产业结构转变，产业结构的转型升级、新技术的集群突破对人才培养提出了新的要求和挑战。首先，当今世界，传统精细分工的简单岗位工作被以解决问题为导向的"综合任务"取代，这就要求技术技能型人才必须具备综合职业能力。其次，为了适应区域产业发展的要求，高职毕业生必须具备较高的综合素质，能运用科学的工作方法和学习方法，在真实的工作情境中整体化地解决综合性问题，具备未来从事一个（或若干相近）职业所必需的本领，实现个人职业成长和个性发展，促进个人的职业生涯发展。最后，数字经济行业产业发展动态、技术的更迭和数字技能人才需求变化提出了新挑战，制造企业需要进行数字化转型升级。因此，人才培养方案的设计要针对具体的就业岗位需求，综合考虑培养学生的数字素养和数字技能，以适应数字化社会提出的挑战。

（三）基于专业群的复合型人才培养方案改革

高质量的专业人才培养方案开发需要有先进的职教理念、科学的理论指导、清晰的逻辑路径、校企合作机制和质量保证体系。复合型人才培养方案改革思路主要有如下四个方面。

1."产业—行业—企业—专业（群）"深度对接

"产业—行业—企业—专业（群）"深度对接，回答办什么样的专业以及怎样建设专业的问题，解决企业参与职业教育缺乏动力的问题。高职院校要根据区域产业发展需求或行业需求、行业企业用人需求、学校办学定位和教学基本条件等，依托产业学院等平台，与产教融合型企业等优质企业建立稳定合作关系，充分发挥产教融合型企业的人才培养主体作用，由学校和企业人才培养双主体共同组建复合型人才培养方案开发团队，共同设计专业群人才培养方案，这是由高职教育的职业性决定的。产教融合背景下人才培养模式发生了显著变化，校企合作开展的订单式培养转向校企合作开展复合型技术技能型人才的双主体培养，因此，高职院校专业人才培养方案从学校围绕企业需求量身定制转向企业和学校双主体共同制订。具体而言，专业人才培养方案的重构要从三个方面推进：第一，由若干专业共同组成的专业群，专业群内各专业主动对接产业集群中的某一重点产业或岗位群，形成专业与产业、专业群与产业集群间相对应关系。①专业群与产业群、行业协会及企业之间的深度对接，是专业群人才培养方案制订、实施和动态调整的基础。高职院校必须分析区域产业结构、重点产业布局和发展趋势，根据服务面向的职业岗位群确定专业群定位，与行业协会及其领先企业紧密合作，校企共同开展专业人才需求的调研与分析，确定专业培养目标和培养规格，校企协同完成专业群人才培养方案系统设计。第二，专业人才培养方案要契合企校需求，在整合企校资源的基础上，建立企校资源集群，构建企校发展联通、需求互通、资源融通的双赢合作发展格局，以产教融合平台为依托，以专业建设委员会为单位，以校企合作制度为支撑，形成开放性的专业人才培养方案设计、实施、评价与反馈改进机制。第三，通过深化产教融合，创新人才培养模式，与产教融合型企业建立稳定合作关系，基于不同招生模式和培养模式，校企共同开发多样化的、灵活的专业人才培养方案。同时，高度关注经济发展和相关专业领域的发展新趋势，依据职业岗位需要随时调整、增减课程，适应社会对用人多样化需要和职业岗位工作复合性要求，使人才培养质量能够较好地满足产业发展的需求。

2."模式—标准—方案—制度"互为支撑

模式、标准、方案和制度是高职教育人才培养的"四梁八柱"，是专业建设的核心内容。"模式—标准—方案—机制"互为支撑，主要是解决

---

① 王作鹏. 以产教融合为逻辑主线的高职专业群建设实施路径探析[J]. 教育与职业，2021（22）：91-96.

怎样培养人才以及配套制度建设的问题。人才培养模式是专业建设的灵魂，专业教学标准、实训条件建设标准、课程标准等是人才培养和专业建设的标准。人才培养方案是落实人才培养模式的重要载体。校企合作制度、教学质量监控制度、教学管理制度、教学组织运行制度是专业建设和实施培养方案的保障。1+X 证书制度是深化产教融合的重要制度设计创新，更是人才培养模式的创新，其实质是把学历教育与技能等级证书教育相结合的一种人才培养模式。高职专业应以 1+X 证书制度试点为契机，推进人才培养模式改革，形成校企双元精准育人的人才培养方案。人才培养方案制定过程中应对接技术标准并将其转化为专业教学标准，构建适应区域经济发展和产业结构优化升级需求专业课程体系。校企共同研制专业（群）教学标准、实训教学条件建设标准、职业技能等级标准、课程标准等，同时，建立校企互派互聘管理制度和学分制管理制度体系等配套制度体系，形成对人才培养方案顺利实施的支撑条件。复合型人才培养方案的实施需要建立配套的学分制管理制度，建立学分银行，开展学分认定与积累，实施校企双元育训结合、校企课程学分互认，形成开放的、柔性的、弹性的学分制管理模式，为打破学制界线、创建更灵活多样的人才培养方案提供条件。

3."岗位—课程—竞赛—证书"融合育人

"岗课赛证"融合育人是我国职业教育政策的重要内容。通过"岗位—课程—竞赛—证书"融合育人，解决培养什么样的人才以及如何进行课程体系设计的问题，在"纵向贯通，横向融通"的理念指导下重构课程体系，人才培养方案设计要做到职业岗位能力、专业课程和职业技能证书内容相互融通，确保产教融合、多方合作框架下的中职、高职、本科课程体系纵向贯通。岗位是指专业面向的某一职业岗位或专业群面向的职业岗位群，课程是课程设置和课程体系，竞赛是学生职业技能竞赛，证书是指毕业证书之外的职业技能等级证书或职业资格证书。

构建以"岗课赛证"融通综合育人为特征的专业群课程体系，是职业教育人才培养的特色化要求，充分彰显了职业教育类型特色。课程开发要以企业行业对人才的需求规格来确定自己的课程目标。通过校企共同开展职业岗位群能力调研分析和需求分析，了解行业企业对职业岗位人才规格的要求和未来发展趋势，紧随产业结构升级而变化调整自身的课程标准，确立既符合本校发展规划，又满足社会人才需求的课程标准。[①]此外，高职课程开发必须对接行业企业标准与职业技能等级标准，完善课程标准，规范课程设置，将行业企业的新技术、新工艺、新规范融入课程标准，使其与人才培养目标、市场需求相适应，与职业能力和岗位技能相结合，突出课程内容的实用性和针对性、课程类型的多样性与灵活性，健全人才培养方案。

综上所述，高职专业人才培养方案的构建和优化要以产教融合为逻辑主线，大力推进"产业—行业—企业—专业群"深度对接，"模式—标准—方案—制度"互为支撑，"岗位—课程—竞赛—证书"融合育人，切实提升人才培养方案的合理性、适应性和有效性。复合型人才培养方案的设计应按照"目标多样，路径多条，自主选择，因材施教"的理念，尽量设计多种学习目标、学习内容、学习路径和学习方式等，注重课程体系的开放性和选择性，课程的自选比例（选修课）应不低于15%，以确保学生可以根据自身的兴趣爱好对课程进行自主选择、跨专业选修，有利于学生形成复合型知识结构和复合能力。在课程设置上重点把握好四个关系：一是把握通识教育与专业教育的关系，在"生活准备"和"职业训练"间寻求大学教育的平衡点；二是把握基础知识与专业知识的关系，在培养专才和培养通才之间寻求复合型技术技能人才培养的平衡点。专业对口就业率较高的专业，可以适当提高其专业知识比例，反之，则适当提高其基础知识比例；三是把握主修与辅修的关系。在培养"一专"和培养"多能"之间寻求大学教育的平衡点，培养复合型技术技能型人才；四是加强公共基础课

---

① 王艳，邵悦. 产教融合背景下高职院校课程开发问题研究[J]. 黑龙江教育（高教研究与评估），2016（1）：29-31.

与专业课间的相互融通，把握好公共选修课与专业选修课之间的关系，学业导师要重视指导学生选修课程，注重学生文化素质、科学素养、综合职业能力和可持续发展能力培养。

五、开发专业群模块化课程体系

（一）开发专业群模块化课程体系的理论依据

1."能力本位"课程模式

"能力本位"能够成为一种课程模式，其价值不只在于强调对能力的培养，更在于建立了一套对能力的独特解释、获取方法和培养路径，即主张直接通过对完成岗位任务所要运用的知识和技能的学习来培养学习者做事的能力。这种课程模式能把职业能力培养效果最大化，最大限度地体现职业教育人才培养特色。其核心思想包括：①能力本位课程要培养直接从事工作的能力，即职业岗位的胜任能力。职业能力是直接来自职业岗位的能力。②工作任务分析是能力本位课程开发的核心技术，北美国家把这种方法称为 DACUM 法。①因而，能力本位课程中的能力，是人的一般能力素质与工作任务相结合的产物。③职业能力是教学的出发点，而不是知识学习的成果。建立一种倒推的课程开发方法和人才培养路径，即先确定学习者未来要做什么，要胜任这些工作需要具备哪些能力，然后根据能力要求倒推他们应该学习什么。

2.行动导向教学

行动导向教学，是用"完整的行动模式"，即学生以小组的形式独立制订工作和学习计划，实施计划并进行评价，替代按照外部规定完成给定任务的"部分行动"模式进行学习。教师通过设计开发合适的教学项目（学习任务）、通过多种辅助手段（如引导课文）帮助学生独立获得必需的知

---

① 叶岚. 加拿大职业能力本位观[J]. 世界农业，2013（8）：155-157.

识并构建自己的知识体系。完整的行动模式有两个特点：一是行动过程结构的完整性，即行动者独立制订计划、实施计划和评价反馈，并在可能的情况下改进自己的行动；二是行动要素的全面性，即职业行动是跨领域、跨学科的，包含技术、经济、生态和法律等多种要素。按照行动导向教学理论，应根据完成某一职业工作活动所需要的行动、行动产生和维持所需要的环境条件，以及职业人员的内在调节机制等，来设计、实施和评价职业教育的教学活动。学科知识的系统性和完整性不再是判断职业教育教学是否有效、是否适当的标准。行动导向教学通过有目的地、系统化地组织学习者在实际或模拟的专业环境中，参与设计、实施、检查和评价职业活动的全过程，通过学习者发现、探讨和解决职业活动中出现的问题，体验并反思学习行动的过程，最终获得完成相关职业活动所需要的能力。行动导向教学的目的是促进学习者的职业能力发展，其核心是行动过程与学习过程相统一。

课程目标是课程体系建立的起点也是终点，课程开发的内容、组织、评价等一系列环节都要以课程目标为依据。美国教育家泰勒认为课程目标应依据三个方面的信息来设定：①对学生的研究；②对当代社会生活的研究；③对学科（专业）的研究。[①]依据泰勒的观点，专业群课程体系既要满足学生就业、升学等多种职业生涯发展路径的需求，也要适应社会发展的现状与未来；既要应对职业结构变化对综合职业能力的诉求，还要符合高职专业自身的发展特征。

（二）面向职业岗位群重构专业群课程结构体系

专业组群之后，增强了专业的人才培养功能，扩展了人才培养目标，于是专业群层面产生了新的课程门类，例如，为实现资源整合、相互协同，专业群内产生了一组具有较为紧密技术技能联系的共用性课程；为实现培

---

① 泰勒. 课程与教学的基本原理[M]. 北京：中国轻工业出版社，2008.

养复合型、创新型人才的目标，专业群内必然产生跨专业的群拓展课程。专业的生命力必须依靠合理的课程结构来支撑，课程结构是课程内容各部分、各要素之间的内在联系和相互结合，具有一定功能的组织形式。因此，重点是做好专业群课程结构的设计和优化。

高职院校多元化的人才培养目标的实现，需要制定适合不同学生特点和需求的动态的专业群课程体系。专业群必须面向职业岗位群重构专业群课程结构体系。专业群可以选择"基础+平台+模块+拓展"课程建设模式或"基础+平台+模块+X"课程建设模式，做到底层专业基础与平台课程共享、中层专业模块课程分立、高层拓展课程互选，体现课程的"柔性""可拓展性"。其中，基础课实施模块化、进阶式设计，支撑学生的个性化需求。实现课程资源整合是专业组群的重要价值之一。专业群内各专业都开设具有群共同性的公共基础课程与专业群平台课程。在群内专业课程设置和设计上，应与对应的目标岗位对接，由行业、企业专家共同参与完成。专业课程结构则应呈现由浅入深的设计思路，采用从单项技能课程到综合项目课程逐步过渡的课程设计，以实现从培养单项技能到综合能力的目标。专业课以能力为重的理念构建，即根据"岗位—能力—课程"三结合来设计课程。首先要对产业进行岗位差异化调查和分析，明确高职学生的核心岗位，再根据核心岗位定位进行职业能力分析，按照能力要求设计知识点和技能点，确定专业核心课程，一般核心岗位由 4～6 门课程组成课程模块。群内专业课程开发口径上应尽可能融合自然科学、人文科学、社会科学领域，接口不同类型、不同级别 1+X 职业技能证书的认证内容，促成不同专业、类型、学科，乃至技术生产实践领域等原本相对独立的发展资源整合形成集聚协同效应。

课程结构体系必须实现模块化、立体化、个性化。如果说培养复合型人才应该将专业群课程体系定位成学生自主学习、全面发展的资源共同体，那么专业群的课程内容体系必须实现由刚性向弹性的转变。在专业群课程设置和设计上，应该注重"五性"的培养，即复合性、创新性、综合性、包容性和选择性，以开放的、多元的、灵活的专业群课程体系，集聚人才培养的新优势。具体表现为：注重复合性的培养，注重学生复合型知识结构的形成；更加注重创新性，突出学生创新精神、实践能力和社会责任感的培养；更加注重综合性，注重学生基础理论知识和跨岗位综合知识的积累，突出学生的全面发展，提高其适应社会变化的能力；更加注重包容性，坚持多元文化观点，培养学生的国际视野，培养学生运用不同的观点和方法综合分析问题的能力；更加注重选择性，不拘泥于课程设置的系统性，突出课程的灵活多样，培养学生应用多个不同专业领域的研究方法解决问题的能力。课程体系应尽量设计多种学习目标、学习内容、学习路径和学习方式等，注重课程体系的开放性和选择性，课程的自选比例（选修课）应不低于15%，以确保学生可以根据自身的兴趣爱好对课程进行自主选择。

传统的由公共基础课程、专业基础课程和专业课程三个课程门类组成的课程结构被打破，需要重构专业群课程方案框架，并且必须是按职业的逻辑把专业群层面统筹设计和专业层面分工设计相结合进行开发。确定了专业群课程方案框架之后，再进行每门具体课程内容的开发。为了确保人才培养模式以职业要求为中心，课程开发者应主要围绕五大基本任务进行课程开发：①产品或服务的应用设计，即把工程师设计的产品或服务方案进行具象化，使之成为可消费的产品或服务；②产品或服务试验，即通过试验掌握产品或服务的性能数据，分析产品或服务的可行性，设计产品或服务的改进方案，使产品或服务日臻完善；③产品生产或服务提供的工艺开发，即在企业运行机制下开发产品生产或服务提供的稳定的路径和方法，使得产品或服务可以根据消费市场需要按同样的质量标准源源不断地获取；④产品生产或服务提供，运用设备、原材料、工艺方法与标准、人机关系等资源从事产品生产或服务提供，获得符合市场需求的产品或服务；⑤产品或服务的高质量管理，即设计企业产品或服务的质量管理体系，分析企业产品或服务质量问题发生的原因，并设计质量改进方案。①

---

① 张铮，刘法虎，陈慧. 新时代职业教育专业群开发研究与实践[M]. 武汉：华中科技大学出版社，2021.

(三）构建以"复合型"人才为培养目标的模块化课程体系

高等职业教育要培养复合型技术技能人才就必须树立新型"课程观"，以"复合型"人才为培养目标，面向市场需求重构以学历教育为基础、强化职业培训的模块化课程体系，要将学历教育课程和职业培训课程进行有效结合，提高人才培养的多元性、针对性。复合型技术技能人才的培养也将从在校学生扩展到企业在岗人员，强化高校的社会服务职能，实现政府、教育机构、企业和个人多方共赢，带来更高的社会经济效益。高职院校必须遵循课程体系集约化、结构化、模块化的建设思路，以工作过程的特征为课程建设逻辑，对接专业群岗位职业能力要求，建立工作任务与专业知识间的联系，构建课程内容，将课程建立在产业需求链和技术链上。专业群课程体系必须针对区域产业特点和发展需求，在"纵向贯通，横向融通"的理念指导下重构，将工作过程与学习过程进行一体化设计，将职业岗位能力、专业课程和职业技能证书内容相互融通，确保产教融合、多方合作框架下的中职、高职、本科课程体系纵向贯通；在课程设置上，通识教育与专业教育相融合，推进文理渗透、专业交叉、课证融通。

专业群以课程模块的教学形式打破专业壁垒，促进知识跨专业流动，提高知识之间的碰撞机会，让专业内部知识和外部知识处在协同交互之中。复合型人才的知识基础正是建立在专业学科知识的前沿上，这就要求高职专业内部课程体系在动态中不断扩容和完善。因此，高职复合型人才培养必须根据岗位职业标准的变更和人才培养目标的提升，动态调整课程结构与教学内容，构建动态专业群模块化课程体系。将行业新知识及时纳入课程体系中，构建包含多个模块化课程的专业群课程体系。对接人才结构调整和职业能力层级变化，建设层次性模块化课程。高职院校要在学分制管理模式下不断优化课程体系结构，不以专业为中心来设计课程体系，把课程设置从传统的深入型改为横向宽广型与纵向深入型相结合，不强调基础课为专业课服务。

智能时代背景下，高等职业教育面向岗位涉及的技术领域对人才复合性或创新性要求增强，对人才的能力层次要求上移。专业群模块化课程体系需以市场为导向，凝练专业群内职业岗位共性知识，提出职业能力和素质要求，制定包含通识文化课和专业基础课在内的专业群共享课程。专业群课程体系建设与实施过程是产教深度融合的落脚点，专业群课程体系设计必须针对产业所需职业核心技能，将行业职业资格证书的培训内容融入专业核心教学内容，在建设包含专业方向课、职业拓展课和职业技能训练课在内的专业群核心课程的同时，增加专业方向选修模块，培养人才综合职业素养能力。[①]

六、构建复合型人才培养实践教学体系

（一）构建实践教学体系的理论依据

1.马克思主义实践观

马克思主义实践观指出，人在实践的过程中完成了自身的发展，人的劳动实践使生产者也改变着，炼出新的品质，通过生产而发展和改造着自身，造成新的力量和新的观念，造成新的交往方式、新的需要和新的语言。同样，实践教学活动使学生不断地获得知识、技能及道德等多方面的提升，不断积累生活经验，逐步养成职业道德、职业素质和职业精神，而且在教育根本目的得以实现的同时，还满足了包括人的社会生存、社会适应、社会发展在内的全面发展的需要。

2.情境学习理论

情境学习理论的基本观点：学习的本质是个体参与真实情境与实践，与他人及环境相互作用的过程；是培养参与实践活动能力、提高社会化水平的过程；是一种文化适应及获得特定实践共同体成员身份的过程。参与

---

① 王作鹏.以产教融合为逻辑主线的高职专业群建设实施路径探析[J].教育与职业，2021（22）：91-97.

是情境学习的核心要素。学习是通过与共同体内其他成员的相互对话、彼此互动而发生于真实的实践活动之中的。"真实的实践活动"是在解决问题的真实情境中所从事的各种相关活动。

3.后现代主义知识教学观

后现代主义知识教学观的本质特征在于它重建了知识教学过程中的主体，确认了主体的流动性、生态性、交互性和创造性，倡导相对知识观，知识的情境性、开放性、内在性、创造性、个体性、有机性和多样性。后现代主义知识教学观强调知识的使用价值、人文价值，更关注知识教学的实践理性和解放理性；更注重培养学生的"实践型学力"，更关心学生的现实生活和人格建构；要求教学由静态、封闭的体系转向动态、开放、非结构化的网状生成，由关注知识量的积累到关注知识质的提升。

4.系统论

系统论认为，整体性、关联性、等级结构性、动态平衡性、时序性等是所有系统的共同的基本特征。系统论的核心思想是系统的整体观念。系统论的基本思想方法是把所研究和处理的对象当作一个系统，分析系统的结构和功能，研究系统、要素、环境三者的相互关系和变动的规律性，并优化系统观点看问题。世界上任何事物都可以看成是一个系统，系统是普遍存在的。

5.发展性教学论

苏联教育家赞科夫在长达二十年教学实践的基础上提出发展性教学论并强调教学要遵循"实践—理论—实践"道路，教师要善于唤起和诱发学生真切的体验。人是具有主体性意识的实践存在，通过有目的、有组织的实践活动进行改造和创造性活动。[①]赞科夫以系统论为基础，提出并论证了以尽可能大的教学效果来促进学生的一般发展为主导思想的实验教学体系。

---

① 周洪宇，胡佳新.知识视域下的实践育人及其意义向度[J].教育研究，2018（8）：20-22.

（二）高职复合型人才培养实践教学体系的内涵和特色

人们经常在教学计划中使用的实践教学体系，是实践教学目标任务的具体化。具体来说，是将各个实践教学环节如实验、实习、实训、课程设计、毕业设计、创新制作、社会实践等，通过合理配置，以技术应用能力为主体，按基本技能、专业技能和技术应用能力层次，循序渐进地安排实践教学内容，将实践教学的目标和任务具体落实到各个实践教学环节中，使学生学到的不是支离破碎的东西，而是完整的、系统的技能和技术。

高职复合型人才培养实践教学体系分为三个子系统：①驱动系统由实践教学观念、实践教学目标构成。②主体系统由实践教学主体（学生和教师）、实践教学内容、实践教学组织形式、实践教学方式和手段、实践教学评价等构成。③环境系统又分为硬环境和软环境，硬环境指教学设备、综合实训室、实训车间、校内外实训基地等；软环境可以分为实践教学管理体系、实训基地管理体系、实践教学运作保障体系等亚体系。

高职复合型人才培养实践教学体系具有四个特色：①工学交替。工学交替是职业教育实行的学生校内学习理论知识与校外实践工作交替进行的一种教育模式，实践教学活动既包括学校内部的实践教学活动，又包括校外企业实践工作、社会实践活动等。②校企合作。遵循产教融合、服务产业升级的要求，高职院校联合紧密合作的企业，在校内外共同建设生产性实训基地、产教融合实训基地和虚拟仿真实训基地，学生在生产、研发和服务的实践过程中学习技术知识，获得职业技能和综合职业能力的提升以及职业素质和职业精神的养成。③地方性或区域性特色。高职院校实践教学的实施需要依托地方企业，学校与企业必须建立长期的校企合作关系，教学内容要贴近当地企业生产、管理和服务一线，体现地方或区域产业结构特征及其技术发展水平。④资源共建共享。坚持专业群共享、校企多方共用理念，以培养复合型人才为目标，按照多专业共享的原则，整合群内实训资源，建成集实践教学、科技攻关、技能培训、创新创业功能于一体的实训基地。

基于项目、基于工作的实践性教学以及体验式学习是培养复合型人才的重要途径。高职实践教学需要对接企业生产实践全过程，实施开放和资源共享的实训方式，积极探索"厂中校""校中厂"，尽可能让学生在企业真实工作环境下进行技术操练，让他们能够在实践操作中学习和运用知识，在真实的职业环境中养成良好的职业习惯和职业道德，不断提高实践能力和综合素质，这对个体职业能力的终身发展有重要意义。

（三）高职复合型人才培养实践教学体系建设

实践教学是高职院校人才培养质量保障的关键环节。高职复合型人才培养实践教学体系建设主要包括驱动系统、主体系统、环境系统三个子系统的建设。

1. 驱动系统的建设

驱动系统是实践教学体系的动力系统，包括实践教学理念和实践教学目标。高职复合型人才培养需要强调"以学生为主体"的实践教学理念，以企业实际项目为载体，以企业现场真实工作过程为基础设计典型教学案例，教师引导学生"问""学""做""思""研"，通过加强实践教学的弹性、选择性和综合性，拓宽教学口径，以适应企业的需求和学生的个性差异，促进学生的个性发展和社会适应能力的发展。在课程设置上，增设跨岗位、跨专业、跨行业的综合实践课程。在课程内容上，由针对某个岗位拓宽到职业、行业以及相关职业行业领域。在教学目标上，道德、素质、能力并重，就业、创业、升学并重。加强技术综合应用能力、非技能性能力（关键能力）、接受再培训能力、创业能力的培养，注重培养学生敢为人先、敢冒风险的创业精神；将职业道德、职业素质的养成贯穿于整个实践教学过程，渗透到每个实践教学活动；提倡培养创新型技能人才。我们提出"双师工作室"理念，制定《双师工作室管理办法》等管理制度，由企业教师和学校教师同心协力、共同建设"双师工作室"，激励企业教师主动作为，鼓励学校教师下企业实践锻炼，联系企业引进技术研发项目，组织有兴趣的、好学的学生开展技能竞赛培训、创新创业项目训练和创新设计比赛活动，实现"工学结合、职业技能竞赛培育、企业产品设计和项目研发"的融合。

2.主体系统的建设

主体系统由实践教学主体（学生和教师）、实践教学内容、实践教学组织形式、实践教学方式和手段、实践教学评价等构成。实践教学内容建设方案主要包括课程体系的重构、课程结构的优化、课程的整合与更新等，最终形成实践教学计划。实行一体化课程改革，突破传统的学科课程体系，将原来分割的理论课与实训课整合成"理论+实践"一体化课程，实现知识与技能、理论知识与实践知识的整合。例如，将 PLC 与 PLC 实训整合成 PLC 技术及应用。综合实训项目改革是指将实践教学内容与企业真实工作项目相融合，将项目研发、产品设计与技能竞赛培育、创新能力培养相结合，教会学生如何综合运用所学知识和技能、如何写实验实习实训报告、如何思考和研究等，目的是培养复合型技能人才、创新型技术人才和促进学生的个性化发展。根据实训内容和形式的不同，校内生产性实训可以分为生产加工型、产品设计型、社会服务型三种。高职院校教师必须积极探索"教、学、做"一体化教学模式、"半工半读"教学模式和"以赛促学，赛课结合"教学模式，使学生的专业技能、实践能力和创新能力获得显著提升，并在职业技能竞赛中多次获得国家级大奖。同时，建立基于校企合作的以项目或实际的工作任务为中心的"产学研"教学模式。高职院校教师应改革实践教学方式和教学手段，有效运用信息技术、网络技术、多媒体技术等现代教育技术手段为教学服务，综合运用情境教学、交互式教学、模拟教学、案例教学、项目教学、启发式教学等多种教学方法。实施实验室、综合实训室、实训车间、实训基地开放式教学，采用动手操作与模拟操作结合、动手操作与网络教学、动手实验与虚拟实验相结合。复合型人才培养需要改革实践教学评价。由教务处负责出台具体的实践教学评价标准与工作办法等相关文件和详细的实施方案，同时，学校紧密联系企业建立校企合作的实践教学质量评价体系。行业、企业、政府参与教学质量评价，形成学生、教师、企业、政府的四方多元评价体系，使评价主体多元化、评价内容全面化、评价方式多样化、评价活动过程化，全面提高人才培养质量。

3.环境系统的建设

环境系统分为硬环境和软环境。硬环境指教学设备、综合实训室、实训车间、校内外实训基地等，软环境可以分为实践教学管理体系、实训基地管理体系、实践教学运作保障体系等亚体系。高职院校要与行企专家共同组织开发和完善实践教学条件标准，在标准引领下校企共建生产性教学实训基地。企业参与实训基地建设和运行，基地以企业生产项目为载体，为教师素质培育、学校人才培养和企业技术开发提供新途径。一方面，既发挥了学校人力和科研资源优势，为企业开展技术服务、技术改造和产品升级等应用工作，提升教师技术应用能力。另一方面，又促进生产性实训基地为学生教学实训和顶岗实习提供支持,实现真实生产环境的"做中学"。近年来，高职院校加快与产教融合型企业的合作，共同为师生打造资源丰富、设备齐全的现代化实习实训基地和科研基地，提供顶岗实习、集中实习、分散实习等多样化的实习方式，拓宽实践育人的教学场域和时间跨度，在真实多样的实践情境中构建和完善自身的"知识创生螺旋（SCI）"①，在教学交互过程中实现实践育人的内在追求。高职院校应重视打造专兼职结合的实践教学团队，以实训中心和教务处为院级实践教学管理层面，各二级学院实训基地设实训主管 1~2 名，每个专业都应有高素质的"双师型"实训指导教师队伍。高职院校应该加快建设实践教学智能管理系统，充分

---

① 周洪宇，胡佳新. 知识视域下的实践育人及其意义向度[J]. 教育研究，2018（8）：20-22.

运用现代信息技术手段和互联网技术，实现实践教学管理的全面信息化、现代化。同时，针对学校专业人才培养的实际情况，制定教学设备管理制度、实训教师教学指导工作规范、实训基地安全管理制度、生产实训车间工作岗位责任制等，制定规范的实训基地管理办法，尤其要重视生产性实训基地管理体系建设，每个生产实训车间内都必须有实训项目介绍、生产流程图、实训指导大纲、实训室管理制度等，形成全面的实训基地管理体系。高职院校必须建立实训基地考核激励机制以及校企合作长效机制，校企双方共建、共享校内外实训基地，共建、共享专业教学团队和技术开发团队，共建、共享教学培训资源，企业通过合作降低经营成本，实现经济效益，学校实现工学结合，提高人才培养质量。高职院校应主动跟踪企业发展的现实需求、实际状况和最新产业技术动向，紧贴企业实践项目，遵循企业生产实践逻辑，对接企业生产实践全过程。实施开放和资源共享的实训方式，尽可能让学生在企业真实工作环境下进行技术操练，提升共育的效度，为人才培养提供更多适性化服务。此外，还可通过推行长时间实习制度的方式促进复合性技术技能的形成与巩固。

七、推进"双师型"教师队伍建设

"双师型"教师队伍质量是培养复合型技术技能人才的关键要素。高职院校必须积极探索"双师素质+双师结构"的师资队伍建设路径，"有效推进全国职业教育教师企业实践基地与职业院校、应用型本科高校合作建设'双师型'教师队伍，深度参与职业院校、高等学校教育教学改革，成为职业院校创新人才培养模式的重要助推力量和参与职业教育改革发展的企业典范"[①]。关于如何加快推进"双师型"教师队伍建设，主要从以下几个方面论述。

---

① 中华人民共和国教育部政府门户网站.教育部等四部门关于公布首批全国职业教育教师企业实践基地名单的通知[EB/OL].（2019-10-11）.http://www.moe.gov.cn/srcsite/A10/s7034/201910/t20191016_403871.html.

（一）深化校企师资共享，支撑"专兼结合"双师结构

高职院校要积极拓展"双师型"教师来源，聘请行业、企业中符合"双师型"教师任职资格的专业人才到校任教，聘请社会上的技能大师、优秀校友等进校任教，促进职业知识纵向往下延伸，完整地训练学生的职业能力。完善校企互派互聘管理制度和共享机制，健全兼职教师入库、选聘、培训、考核、评价管理体系。对接产业建设专业结构合理且规模较大的兼职教师库，聘请企业能工巧匠入校任教，做到企业能工巧匠承担课时比例不低于35%。开发兼职教师校本培训包，组织开展企业兼职教师专题培训，全面提升兼职教师教育教学能力，助力打造专兼结合的"双师型"教师队伍。建立动态调整的多元薪酬体系，增强干事创业激励保障。根据学校建设和发展需求，完善《奖励性绩效工资分配方案》，设置专项奖励，引导教师推进学校科研项目、社会培训、科研成果转化、技能竞赛等取得突破，将奖励收入单列，不纳入绩效工资总量。建立健全师德师风考评、监督及激励机制，营造浓厚的师德师风建设氛围，培养新时代"四有"好教师。

（二）"引育并举"提升质量，打造"双师素质"教师教学团队

高校可组建专业的培训团队，设立教师培训专项经费，开展普适性和精准性培训，实现教师能力整体提升，结构不断优化。由教师发展中心负责牵头制订分段分层分类的教师培训方案，满足处于不同层次、不同阶段的"双师型"教师专业发展需要。依托具备专业资质且通过1+X证书制度试点认证的社会评价组织，开展教师新技术运用和认证工作，提高培训质量。高职院校应聘请技术技能大师进校担任兼职教师，校企共建技能大师工作室，依托工作室，发挥技能大师在带徒传技、技能攻关、技艺传承、技能推广等方面的重要作用，培养造就一批具有高超技艺、精湛技能和工匠精神的高技能人才。探索团队协同建设机制，打破校企、学科、专业间壁垒，积木式组建教师团队，打造名师引领、工匠护航的国家级或省级职业教育教师教学创新团队，培育建设一批高水平、结构化校级教师教学创

新团队。按照"引育并重"的思路,加大高层次人才的引育。完善柔性引进政策,采取博士长年招聘、正高级人才直接考察聘用的方式,优化选聘流程,对柔性引进的高层次人才实行协议或项目工资制,按岗聘用,"一岗一薪"。建立绩效工资的动态调整机制。落实收入倍增计划,随着国民经济和学校发展,按 10%~15%的增长率逐年提高教师收入,实现吸引和留住核心人才。

(三)健全教师研训体系,促进教师全生命周期职业成长

修订教师培训和进修相关制度,健全"职前、入职、在职三阶段"的教师研训体系。推动职前教师基本能力培养,重点提升职业教育认知水平、师德素养、教学能力等教师基本能力,达到高校教师准入水平。开展教师入职岗位基本能力培训,重点提升教师的行业基本认知、现代教学技术、实训设备操作等岗位基本能力,帮助教师快速适应专业教学工作。构建教师在职可持续发展能力研修体系,重点提升教师政治理论与职业道德素养、专业知识、专业技术技能、教学技术与方法等可持续发展能力。

基于教师职业生涯的全生命周期培养,依据教师发展规律,按新教师、双师教师、骨干教师、专业带头人、专业群带头人五个阶段构建全生命周期培养培训体系。基于多平台的复合式培养,依托专业实训室、"双师型"教师培养培训基地、工作室(站)、技能大师工作室、科创平台、院士工作站等多平台,构建复合式培养模式。基于教师发展状况精准诊断的差异化培养,利用数字化校园平台大数据对教师进行深度"画像",准确把握教师发展状况,为教师发展提供诊断服务;对比分析教师发展短板,为教师有针对性地提供学历进修、专项培训、教学咨询服务与个性化指导等,持续提升教师教育教学能力、科研创新能力和数字化素养,促进企业教师和学校教师协同创新、共同成长。

第五章
PART FIVE

轨道交通复合型人才培养模式探索与实践

第一节 动态调整优化专业设置

"十四五"时期，我国进入新发展阶段，经济结构和产业结构的不断优化调整引起人才需求要素的变革。随着社会产业的交互融合，高职专业逐步走出各自独立发展的格局，取而代之的是构建跨专业、跨领域的新型专业发展形态。专业群建设是促进区域产业良性发展的基础性工程，产业集群的转型升级有赖于高职院校人才的供给。在此背景下，高职院校专业群建设必须依据国家、区域重点产业布局。专业群建群逻辑的合理性、专业群与区域产业链的契合度和专业设置与区域重点产业的匹配度是建设高水平专业群的必要条件。

一、专业设置与区域重点产业匹配情况

广州铁路职业技术学院（以下称为学校）坚持"依托行业，立足广州，辐射全国，面向世界"的办学定位，坚持为区域经济社会发展和产业发展提供服务，致力于培养适应生产、建设、管理和服务一线的高素质、高层次复合型技术技能人才。学校面向广东省及粤港澳大湾区轨道交通产业、高端装备制造产业、汽车、新一代信息技术、软件与信息服务产业和现代服务产业布局专业（专业群），开设铁道供电技术、铁道机车运用与维护、铁道车辆技术、铁道通信与信息化技术、城市轨道车辆应用技术等36个专业，以交通运输、装备制造两个专业大类为主体，覆盖交通运输、装备制造、电子与信息、财经商贸、能源动力与材料、教育与体育和旅游共7个

专业大类。学校现有专业覆盖第二产业和第三产业（如表 5-1 所示），呈现出"二三"产业结构特点，专业大类覆盖率达到 37%。对接轨道交通系统装备与设施的在线安全检测监测、智能维修维护、智慧运营服务等高端产业的工科专业占 75% 以上，覆盖了轨道交通行业"车、机、工、电、辆、供"6 大技术工种，形成了耦合轨道交通产业链的特色专业体系，专业设置与广东省区域重点产业结构相匹配。

表 5-1　2021 年广州铁路职业技术学院专业分布与专业规模情况

专业大类	专业数/个	在校生人数	服务产业
装备制造大类	8	1350	第二产业
能源动力与材料大类	1	283	
交通运输大类	14	3791	第三产业
电子与信息大类	4	737	
财经商贸大类	5	612	
教育与体育大类	3	661	
旅游大类	1	159	

学校在校生规模最大的专业大类依次是交通运输大类（49.9%）、装备制造大类（17.8%）、电子与信息大类（9.7%），如图 5-1 所示。装备制造大类、电子与信息大类、能源动力与材料大类专业的在校生规模均有所增长。

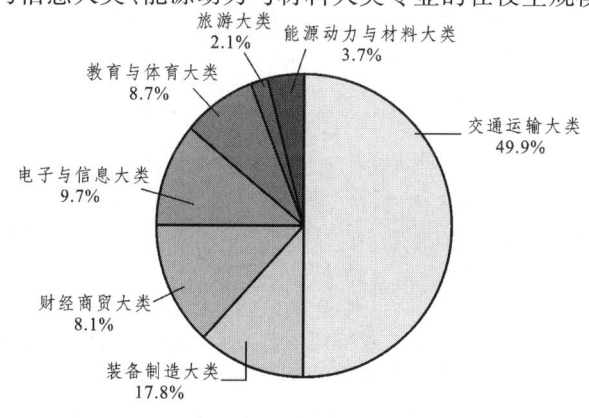

图 5-1　2021 年我校专业分布与专业规模情况示意图

2021 年广州铁路职业技术学院的招生专业数为 32 个，招生专业与区域重点产业对接数为 32 个，专业设置与区域重点产业匹配度为 100%。其中，对接轨道交通产业、高端装备制造产业的专业数为 22 个，对接新一代信息技术、软件与信息服务产业的专业数为 3 个，对接汽车产业的专业数为 2 个，对接现代服务产业的专业数 5 个。详情如表 5-2 所示。

表 5-2　2021 年我校招生专业与区域重点产业对接情况一览

序号	招生专业名称	对接区域重点产业		相关规划名称
1	铁道机车运用与维护、铁道车辆技术、铁道供电技术、供用电技术、动车组检修技术、铁道工程技术、铁道信号自动控制、铁道交通运营管理、铁道通信与信息化技术、城市轨道车辆应用技术、城市轨道交通运营管理、城市轨道交通机电技术、道路桥梁工程技术、高铁综合维修技术、应用电子技术、数控技术、机电一体化技术、电气自动化技术、机械制造与自动化、铁路物流管理、现代物流管理、集装箱运输管理（22 个专业）	轨道交通产业、高端装备制造业	广东省战略性新兴产业、广州市新兴优势产业发展重点	1.《粤港澳大湾区发展规划纲要》（2019 年第 7 号） 2.《广东省国民经济和社会发展第十四个五年规划和 2035 年远景目标纲要》（粤府〔2021〕28 号） 3.《广东省制造业高质量发展"十四五"规划》（粤府〔2021〕53 号） 4.《广州市国民经济和社会发展第十四个五年规划和 2035 年远景目标纲要》（穗府〔2021〕7 号）
2	物联网应用技术、计算机应用技术、数字媒体技术（3 个专业）	新一代信息技术产业、软件与信息服务产业	广东省战略性支柱产业	1.《广东省国民经济和社会发展第十四个五年规划和 2035 年远景目标纲要》（粤府〔2021〕28 号） 2.《广东省制造业高质量发展"十四五"规划》（粤府〔2021〕53 号）
3	汽车制造与试验技术、新能源汽车技术（2 个专业）	汽车产业	广东省战略性支柱产业	1.《广东省国民经济和社会发展第十四个五年规划和 2035 年远景目标纲要》（粤府〔2021〕28 号）

续表

序号	招生专业名称	对接区域重点产业		相关规划名称
3	汽车制造与试验技术、新能源汽车技术（2个专业）	汽车产业	广东省战略性支柱产业	2.《广州市国民经济和社会发展第十四个五年规划和 2035 年远景目标纲要》（穗府〔2021〕7号）
4	跨境电子商务、旅游管理、商务英语、应用英语、大数据与会计（5个专业）	现代服务产业	广东省现代服务产业	1.《粤港澳大湾区发展规划纲要》（2019年第7号） 2.《广东省国民经济和社会发展第十四个五年规划和 2035 年远景目标纲要》（粤府〔2021〕28号） 3.《广州市国民经济和社会发展第十四个五年规划和 2035 年远景目标纲要》（穗府〔2021〕7号） 4.《关于印发广东省电子商务长期发展规划纲要（2016—2025年）的通知》（粤商务电字〔2016〕1号）

二、对接区域重点产业，建设高水平专业群

学校围绕国家"一带一路"倡议和高铁"走出去"发展战略，主动服务粤港澳大湾区经济社会发展和华南地区轨道交通产业转型升级，对接轨道交通、智能制造、现代服务三大产业典型岗位需求，组建了结构优化、内涵先进、资源共享、优势凸显的 7 大专业群：铁道供电技术专业群、机械制造与自动化专业群、动车组检修技术专业群、城市轨道交通运营管理专业群、铁道工程技术专业群、轨道交通智能控制专业群和跨境电子商务专业群。其中，铁道供电技术专业群、机械制造与自动化专业群和动车组检修技术专业群高度匹配重点支柱产业（轨道交通产业和高端装备制造产业），城市轨道交通运营管理专业群、轨道交通智能控制专业群主动适应

新一代信息技术产业（广东省战略性新兴产业）发展，跨境电商专业群精准服务现代商贸产业需求。

（一）铁道供电技术专业群

对接国民经济重点支柱产业之一——轨道交通产业，服务粤港澳大湾区轨道交通产业高质量发展和高铁"走出去"发展战略，顺应"云、物、大、智"技术融入列车能源、控制、通信系统和综合监控系统智能化升级需求，瞄准"变电检修工、接触网工、机车司机、通信工、自动化检修工"等轨道交通运营与维护关键岗位，组建以"铁道供电技术专业为龙头、城市轨道交通车辆技术和铁道机车专业为骨干、铁道通信与信息化技术和电气自动化技术专业为支撑"的专业群，培养具有"安全优质、兴路强国"的铁路精神、奋勇向前的"火车头"精神，具有国际视野的新时代轨道交通智慧运维复合型高素质技术技能人才。

（二）机械制造与自动化专业群

对接轨道交通装备、智能制造等区域支柱特色产业，面向设计制造、安装调试、智能运维岗位群，组建以"机械制造与自动化专业为龙头专业，城市轨道交通机电技术和机电一体化技术专业为骨干"的专业群，培养具有"爱岗敬业、精益求精"的工匠精神，具备智能化轨道交通装备制造和自动化系统集成能力的高素质技术技能人才。

（三）动车组检修技术专业群

适应粤港澳大湾区轨道交通智能运维、智慧出行技术升级，围绕轨道交通产业链上动车组与铁道车辆运用、检修、维护与制造领域，聚焦动车组机械师、维修师和铁道车辆电工、铁道车辆钳工、铁路电控组调工等机电一体化岗位群，组建以"动车组检修技术为龙头，以铁道车辆和应用电子技术专业为骨干"的专业群，培养具有"爱岗敬业、精益求精"的工匠精神，具备动车组与铁道车辆运用、检修、维护管理、远程诊断及故障排查等技能，并具有国际视野的复合型高素质技术技能人才。

（四）城市轨道交通运营管理专业群

适应粤港澳大湾区轨道交通运输"三轨道融通、客货运融合、智慧技术融入"的新趋势，基于"三全标准"（全过程衔接地铁、城际与区域轨道交通运输环节，全方位覆盖客运和货运领域，全系统融入智慧技术），聚焦客货运调度指挥、客货运站运营管理、客货运行车组织、智能设备运维、客户服务、安防应急6大典型工作岗位（群）组建以"城轨运营专业为龙头、铁道运营和物流管理专业为骨干"的专业群，培养适应轨道交通运输"安全、可靠、便捷、精准、融合、协同、绿色、持续"新特征，具有尽职尽责的"道钉"精神的高素质复合型技术技能人才。

（五）铁道工程技术专业群

对接高铁与城轨产业链，面向高铁城轨交通行业施工建造、运营维护、检测和管理等关键岗位，以铁道工程技术专业为龙头，以道路与桥梁工程技术、高速铁路综合维修技术为两翼，以应用英语专业为支撑组建专业群，培养具有默默奉献的"铺路石"品格，具备国际工程承包、咨询、商务、施工建造、运营维护等相关工作岗位能力的复合型高素质技术技能人才。

（六）轨道交通智能控制专业群

面向人工智能发展新技术、新产业和新业态，适应以5G、云大物智为代表的新一代信息技术发展要求，围绕人工智能应用在"云、网、端"支撑域的产业架构，对接铁道信号检修、智能设备运维、车站信息系统维护等典型工作岗位（群），以计算机应用技术专业为龙头，涵盖铁道信号自动控制、物联网应用技术和数字媒体应用技术等专业组建，培养具备"人工智能+"思维和新一代人工智能技术应用与开发的复合型高素质技术技能人才。

(七)跨境电子商务专业群

适应新商科跨境电商产业产品精品化和运营精细化管理的技术与业态发展趋势，紧密对接跨境电商产业链，面向跨境电商产业链中端的跨境电商运营、商务翻译、跨境电商新媒体、网络营销、文创产品研发、跨境财务核算等运营管理典型岗位群，组建以商务英语为龙头，以市场营销、旅游管理和会计为骨干的专业群，培养通英语、善营销、懂产品、会财务，跨界应用能力出色、国际视野宽广的复合型高素质技术技能人才。

2019年，教育部发布《关于实施中国特色高水平高职学校和专业建设计划的意见》，提出"集中力量建设50所左右高水平高职学校和150个左右高水平专业群，打造技术技能人才培养高地和技术技能创新服务平台，支撑国家重点产业、区域支柱产业发展，引领新时代职业教育实现高质量发展"。广州铁路职业技术学院成功入选为国家"双高计划"高水平专业群建设单位，铁道供电技术专业群正式启动国家"双高计划"高水平专业群建设项目。2021—2022年，机械制造与自动化等6个专业群获立项省级高水平专业群。

三、动态调整专业设置，优化专业结构布局

为进一步提升专业集群服务创新驱动发展和经济转型升级、产业结构战略调整、企业技术进步的能力，更好地服务粤港澳大湾区产业转型升级，并满足轨道交通大发展需要，学校按照"需求导向、动态适应"的思路，建立专业群动态调整适应机制，坚持动态调整优化专业结构布局，制定《广州铁路职业技术学院专业设置随产业动态调整方案》，通过建立健全的专业动态调整机制，促使专业设置适应广东省及粤港澳大湾区重点产业发展需求。持续优化专业结构，加强专业群内涵建设，不断完善专业预警、退出机制，动态调整专业设置，适应"云、物、大、智"新业态和新需求，重点服务珠三角地区四大主导产业——轨道交通、高端装备、电子信息、现代商贸，按照"以群建院、以群强院"思路，梯级推动专业群内涵更新

升级，通过优化专业群布局、丰富专业内涵、开发教学资源，持续提升专业群建设质量，促使专业结构和专业群布局与广东省重点产业结构需求基本吻合，不断提高人才培养和社会需求的契合度，实现校企合作精准育人。学校现已建成国家示范专业点 2 个、国家重点专业 7 个、省重点专业 9 个、省级品牌专业 6 个，学校铁道供电技术专业和铁道通信与信息化技术专业在金苹果 2021 高职院校专业竞争力排行榜上排名全国第一，城市轨道交通类专业排名全国第二，交通运输大类专业位于全国前列。学校面向普铁、高铁、城际轨道、地铁等轨道交通行业培养管理与技术类全日制毕业生 10 万余，体现了铁路类高职院校的责任与担当；实现了专业布局与学校总体发展规模相适应、与产业人才需求相匹配，专业群集聚效应和服务功能日益凸显。

第二节 基于专业群的复合型人才培养模式探索

中国高铁已进入智能高铁发展新阶段，轨道交通产业升级是以"技术的高度密集、技术革命的迅猛发展和新技术的集群突破"为特点的内部结构质量的提升，新一代信息技术加速了高铁基础设备安全质量检测、监测设备的更新换代。随着高速铁路现代化和信息化进程的加快，高铁行业企业对技术技能人才需求的规模和质量要求也发生了深刻变革，人才瓶颈问题日益凸显，国家轨道交通战略规划布局以及轨道交通产业的高质量发展为铁路类高职院校提供了新的发展契机。

一、高职院校人才培养面临的机遇与挑战

（一）发展机遇：轨道交通产业的高质量发展

国家《中长期铁路网规划》提出：中国铁路通车里程在 2030 年将达到总规模 20 万千米，其中高铁 4.5 万千米，32 个省会城市将全面实现高铁连通。《粤港澳大湾区发展规划纲要》提出：打造成为"轨道上的大湾区"，

实现粤港澳大湾区高速铁路、普速铁路、城际铁路、城市轨道交通等多种轨道网络融合发展、高效衔接，实现"1 小时生活圈"目标。《广州综合交通枢纽总体规划（2016—2030 年）》提出：到 2030 年广州将形成"面向全国、连接东南亚"的铁路网络，建成世界交通枢纽。随着中国高铁优势的凸显，以及"一带一路"倡议深入推进，越来越多的国际铁路项目以"亚吉铁路"模式整体输出中国管理、技术、标准和设备，这些都为我国铁路类高职院校发展带来新机遇。

《中国铁路中长期发展规划》《粤港澳大湾区规划纲要》《中国制造 2025》等重大战略，要求"建立世界领先的现代轨道交通产业体系"，将"互联网+""人工智能+"等技术融入综合交通运输体系。根据《深化粤港澳合作推进大湾区建设框架协议》，大湾区采用"外拓通道、辐射泛珠，内筑网络、强心聚轴"的思路，规划建设城际线网项目 29 条线，规划总里程为 3153 千米，覆盖 80%以上的 5 万人口城镇，打造成为"轨道上的大湾区"，实现粤港澳大湾区高速铁路、普速铁路、城际铁路、城市轨道交通等多种轨道网络融合发展、高效衔接。面对大有可为的发展机遇，高职院校也面临生源多元、扩容提质、供需匹配等诸多挑战，必须突破专业壁垒，实现多学科、多领域、多专业融合，整合学校和企业的资源。在产业政策牵引下，有机衔接教育链、人才链、产业链和创新链，培养大批高素质轨道交通技术技能人才，成为新时代高职院校的首要任务。

（二）产业升级：职业岗位能力要求复合化

中国高铁已进入智能高铁发展新阶段，轨道交通产业升级是以"技术密集型、技术革命的迅猛发展和新技术的集群突破"为特点的内部结构质量的提升，新一代信息技术加速了高铁基础设备安全质量检测、监测设备的更新换代。为更好地满足我国铁路繁重运输任务的需要，适应高速铁路基础设施系统集成度高、养护维修标准高、专业协调要求高的特点，基础设施综合一体化检测监测体系、工电供设备状态综合检测监测作业平台、基础设施检测大数据管理分析平台等大量一体化作业装备和监测检测设备投入运用。轨道交通行业升级带来的高效率、智能化推动了传统专业人才的相互跨界、深度复合,培养具备"一专多能"的复合型人才等难题急需解决。目前,我国90%以上的高铁已实现了综合维修一体化组织管理,我国轨道交通运行线路不断增长,运行速度不断提高。根据国家铁路发展规划,到2030年高铁规模将达到4.5万公里,新增1.6万公里,预计未来10年,国家高铁和国际铁路每年需要新增约8000个高铁线路综合维修工。高铁线路综合维修工必须是复合型技术技能人才,才能适应企业的人才需求,这对传统高职专业单一技能人才培养模式提出了挑战,使其必须进行人才培养目标和培养规格的改革。

国家"一带一路"倡议、高铁"走出去"发展战略使培养国际化人才、输出"中国标准"成为高职院校的应尽职责,为铁路高职院校开放办学、国际合作带来了新的使命。中国高铁"走出去"战略需求和轨道交通产业升级发展对轨道交通运维人员素质提出了更高要求:一是需要将"职业道德、劳动教育、工匠精神、团队意识、外语应用能力"贯穿人才培养全过程,培养职业道德高尚、有国际视野的高素质人才;二是轨道交通产业、信息技术产业、装备制造产业相互渗透和交叉融合发展对运维人员在"创新创业意识"科学素质方面提出了更高的要求。三是轨道交通产业"高风险、高速度、半军事化"的职业环境决定了轨道交通产业人才必须具有高标准、高规格、高素质和岗位能力要求复合化等特征。因此,高职院校必须创新人才培养模式,培养出"一专多能"的高素质轨道交通复合型技术技能人才。

(三)面临挑战:高职人才培养模式急需创新

传统的单一专业培养模式已难以满足新工业革命背景下轨道交通产业对技术技能人才的需求,我国高技能人才的结构和素质仍然未能较好地满足轨道交通产业转型升级的需要。新时代对高技能人才培养提出了新要求,轨道交通产业的快速发展迫切需要大量高素质的复合型高技能人才。人才需求的变化必然带来人才培养模式的转变，需要加大人力资本投入，通过深化职普融通、产教融合、校企合作增强职业教育适应性和引领性。新经济、新业态、新模式下出现的新岗位、新技术均要求高等职业教育应面向未来布局新兴专业，对人才培养模式做出变革。

面对"双高计划"建设带来的新课题，专业发展逐步走向"交叉融合"和"集群发展"，如何对接区域产业集群发展，加强专业集群建设，促进专业资源整合和结构优化，发挥专业群的集聚效应和服务功能，促进专业设置与产业结构、人才需求结构、区域发展相适应，促进人才培养与产业需求精准对接成为面临的新挑战。因此，需要强化职业教育类型特征，重塑职业标准和人才质量观，重塑专业标准和知识技术体系，创新技术复合与能力融合的人才培养模式。

二、顺应轨道交通产业升级要求，打造铁道供电技术专业群

（一）组建铁道供电技术专业群，服务轨道交通产业升级

随着新一代科技革命的快速发展，以"云计算、物联网、大数据、人工智能"（以下简称"云、物、大、智"）为代表的信息技术融入轨道交通产业，推动运维技术和作业方式升级、劳效不断提升，由劳动密集型向技术密集型转化，多专业高度协同特征愈发明显，对高素质复合型技术技能人才提出迫切需求。显然，单一的传统轨道交通专业难以满足这一需求。在此背景下，组建融入供电 6C、车辆 5T，以及基于大数据分析设备设施健康管理与故障预测（PHM）等检测监测技术的智慧运维专业群势在必行。

顺应新时代轨道交通产业升级要求，学校围绕列车运行维护必备的能源系统、列车总成、运行控制和通信网络等装备，融合"云、物、大、智"等新型信息技术，组建以"铁道供电技术为龙头、城市轨道交通车辆技术

和铁道机车为骨干、铁道通信与信息技术为支撑"的铁道供电技术专业群，服务粤港澳大湾区和中国高铁"走出去"发展战略。同时，打造产教融合共同体，提升专业群的技术技能创新服务和国际化合作水平，实现人才培养供给侧和需求侧结构要素全方位融合，为粤港澳大湾区经济社会高质量发展和华南地区轨道交通产业转型升级提供优质人才支撑。

铁道供电技术专业群对接轨道交通产业链，是国家战略性新兴产业，属于高端产业。轨道交通产业链可分为上游、中游、下游三个领域。上游产业，主要聚焦轨道交通装备及零配件研发与设计等，人才主要来源于学科体系培养；中游产业，主要指轨道交通的原料采购与加工、制造、组装和工程施工；下游产业，主要指轨道交通的运行维护、安全保障以及品牌营销等附加值高的服务产业。铁道供电技术专业群对应轨道交通产业链下游，属于该产业链高端层（如图 5-2 所示）。专业群依托华南"一带一路"轨道交通产教融合联盟，协同广铁集团、广州地铁等粤港澳大湾区轨道交通行业龙头企业，对接"新技术渗透、多专业融合"的产业升级需求，融合"云、物、大、智"等新型信息技术，

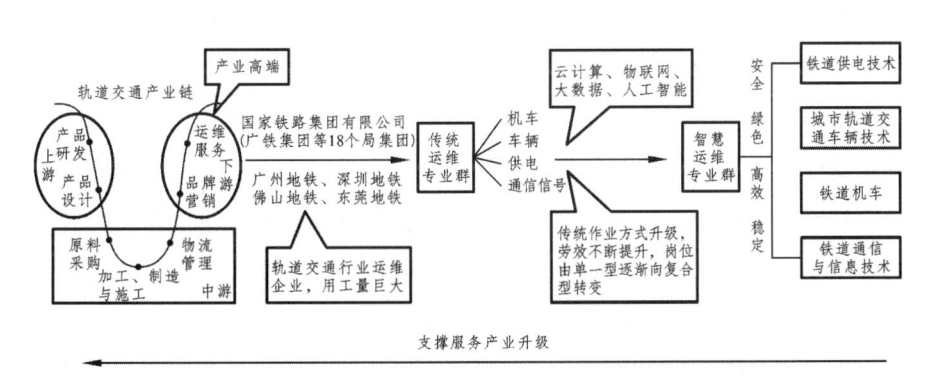

图 5-2　铁道供电专业群对接产业升级逻辑示意图

（二）"五业"联动构建专业群，明确复合型人才培养目标

铁道供电技术专业群内有 4 个专业：铁道供电技术、城市轨道交通车辆技术、铁道机车、铁道通信与信息技术，各专业的产业背景相同，均服务于轨道交通产业。群内的铁道供电技术、城市轨道交通车辆技术、铁道机车 3 个专业均为全国最早开办的轨道交通类专业，经过近 50 年的建设，铁道供电技术已成为教育部优秀专业、教育部等五部门的交通运输大类示范专业点、国家骨干专业、教育部首批现代学徒制试点专业、省一类品牌专业和特色专业，主持制定国家级铁道供电技术专业教学标准、实践教学条件标准，校企合作开发国铁集团专业标准，校企合作开发"1+X"城市轨道交通变电检修职业技能标准等，建成铁道供电技术国家职业教育专业教学资源库，为轨道交通装备运行与维护关键岗位培养高素质复合型技术技能人才。

铁道供电技术专业群按照"五业"（产业、行业、企业、职业、专业）联动的逻辑构建而成，如图 5-3 所示。专业群内各专业对口的就业岗位具有相关性。群内 4 个专业有 90% 以上毕业生均就业于轨道交通行业企业。专业群内的龙头专业——铁道供电技术专业，主要培养接触网工等，负责为机车车辆提供动力，为通信信号装备提供电源；骨干专业城市轨道交通车辆技术、铁道机车，主要培养动车组机械师等，负责载运工具的安全运维；支撑专业铁道通信与信息化技术，主要培养通信工等，主要负责列车运行神经网络的安全运维，并为各个系统提供通信信息技术支持。专业群内各专业具有背景相同、相互依存性强、互补反哺性好、岗位相关度高的特点，专业群内各专业能够协同工作和协同发展，并且群内各专业可以共享高水平"双师型"教师教学团队资源，共享接触网电力线路等实训基地和技术创新平台。

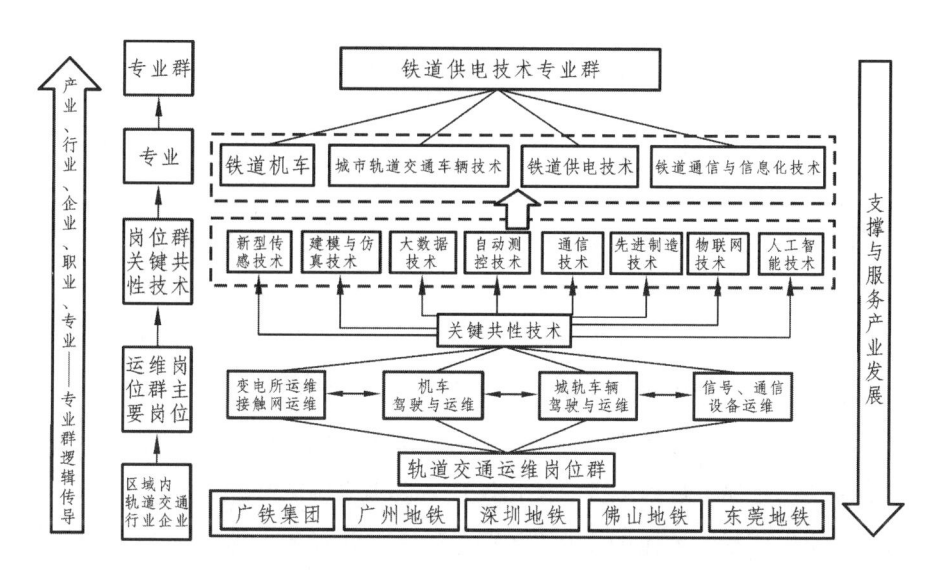

图 5-3 "五业"联动构建专业群的逻辑传导示意图

该专业群服务区域内轨道交通行业企业发展，专业群与广铁集团、广州地铁、深圳地铁、佛山地铁、东莞地铁等合作企业共建专业、共育人才、共享资源、互派互聘、互助共赢，共同构建专业群模块化课程体系，以实施"詹天佑"铁路工匠人才培养计划为引领，全面推进"三教"改革，建立复合型人才培养机制，服务全体学生多样化成长、多方位成才，培养德技并修、一专多能、具有国际视野的新时代轨道交通智慧运维复合型高素质技术技能人才。

三、面向轨道交通企业职业岗位群，构建动态专业群模块化课程体系

（一）铁道供电技术专业群课程结构体系构建

1.课程体系设计思路与构建原则

铁道供电技术专业群课程体系在宏观上采用建构模式，从结构上来看，是一种"专业群+"课程体系模式。课程体系构建由"公共平台课程模块+

通识文化课程模块+专业群平台课程模块"构筑学生学习的基础课程平台。整个课程结构体系以课程、课程组、课程模块为单位，实行学分制管理，适应个性化选学，有利于复合型、创新型、发展型技术技能人才培养。

  为了适应轨道交通产业升级对复合型人才提出的新要求，学校深入行业企业开展调研，校企共同重新认定职业岗位群的工作内涵和特点。专业群课程体系建设实施过程是产教深度融合的落脚点，课程体系设置的关键在于以工作过程的特征为建设逻辑，对接专业群岗位职业能力要求，建立工作任务与专业知识间的联系，构建课程内容，将课程建立在产业需求链和技术链上，主要包括四个方面：第一，源于区域产业特点和发展需求，将工作过程与学习过程进行一体化设计，促进教育链与产业链的衔接，形成"闭环式培养、全程化育人"的产教融合育人过程。第二，根据岗位职业标准的变更和人才培养目标的提升调整课程结构与教学内容，构建动态专业群模块化课程体系。将行业新知识及时纳入课程体系中，构建包含多个模块化课程的专业群课程体系。第三，对接人才结构调整和职业能力层级变化，建设层次性模块化课程。智能时代下，职业教育面向岗位涉及的技术领域对人才复合性或创新性要求增强，对人才的能力层次要求上移。专业群模块化课程体系构建需以市场为导向，凝练专业群内职业岗位共性知识，提出职业能力和素质要求，制定包含通识文化课和专业基础课在内的专业群共享课程。第四，针对产业所需职业核心技能，将行业职业资格证书的培训内容融入专业核心教学内容，在建设包含专业方向课、职业拓展课和职业技能训练课在内的专业群核心课程的同时，增加专业方向选修模块，培养人才综合职业素养能力。[1]通过动态调整课程、课程大纲、教学方法与评价方式，最终要实现课程体系有效支撑职业能力的达成。所谓动态调整课程，是指按照"最小变动、最大受益"的原则，通过增加、删除、分解、整合等方式，强化优势课程、补充落差课程、弥补疏漏课程、减少

---

[1] 王作鹏. 以产教融合为逻辑主线的高职专业群建设实施路径探析[J]. 教育与职业，2021（22）：92-96.

重复的课程、整合精实课程。

专业群课程体系必须由企业专家与学校专家共同设计，以满足行业企业对复合型人才的需求，注重模块与模块、课程与课程、模块与课程间的过渡与衔接，内容选取上强调学生的专业能力、方法能力与社会能力并重。在校企专家研讨的基础上，校企共同设计和开发专业群模块化课程体系，遵循基于工作过程系统化的课程设计思路，经过行校企专家共同论证，形成专业群核心课程体系。铁道供电技术专业群以综合职业能力培养为核心，有效融合职业岗位所需的理论知识、操作技能以及职业素养，构建并实施"岗课证融通"模块化课程体系："岗"即岗位，是指专业面向的某一职业岗位或专业群面向的职业岗位群；"课"即课程，是指课程设置和课程体系；"证"即证书，是指毕业证书之外的职业技能等级证书或职业资格证书。此体系将职业岗位能力、专业课程和职业技能证书内容相互融通，形成"底层共享、中层分立、高层互选"特色的动态专业群课程结构体系。构建动态专业群模块化课程体系，是职业教育人才培养的特色化要求，充分彰显职业教育类型特色。

2. 各课程内容

我们将课程体系按照职业能力发展的逻辑组合为公共平台课程、通识文化课程、专业群平台课程、职业能力岗位课程和特色技能拓展课程等五大课程模块。课程的进程也是职业能力提升的进程（课程进程详见表5-3）。这种课程体系符合高职学生职业能力（专业能力、关键能力）的发展规律，同时也可实现学历证书与职业资格证书的融通。

各课程类别的内容界定有以下几个方面。

（1）公共平台课程：公共平台课程是大类专业的公共必修课，按全校共享平台课程搭建，由教务处统筹。公共平台课包括"信息技术与人工智能基础""思想道德修养与法治""毛泽东思想和中国特色社会主义理论体系概论""应用文写作""高职英语""计算机应用基础""大学生心理健康教育""体育与健康""军事技能""军事理论与国防教育""职业规划与就业指导""创新创业指导""劳动教育""美育与传统文化""党史"等课程。基于学生入学水平测试成绩，公共平台课程采取分层教学模式组织实施，制定分层次的课程标准和考核评价标准。例如，高职英语课程分为"高职英语Ⅰ"90学时（含实践学时5）和"高职英语Ⅱ"48学时，分2个学期开设，面向入学成绩较差的个别学生（包括企业员工、退伍军人、少数民族学生）增设"基础英语"。为提升学生综合素质，开设"素质拓展"纯实践课，3学分48学时，包含春运社会实践、技能竞赛、志愿服务、创新创业、科技、文化、艺术等素质教育教学活动和社团活动等课程内容。

（2）通识文化课程：通识文化课程作为大类专业的公共选修课，由学生根据自身爱好、兴趣和职业倾向来选择，总学分不低于8学分。通识文化课程是全校所有专业学生可自主选修的课程，学生自主选择老师，自主选择课程，自主选择学习时间。依托智慧职教、超星尔雅等在线开放课程平台，学校每学年开设200门线上课程，包括线上精品课程、铁路特色课程（学校与广铁集团合作开发）和线下选修课程（每学期更新课程）。全校学生在学业导师指导下自主选修跨领域、跨专业课程，各专业群开设"专业英语""轨道交通概论"等选修课程。所有非铁路专业的学生都要选修"铁道概论"，突出校本特色课程。

（3）专业群平台课程：专业群平台课程是群内各专业学生必修的专业课程，是专业群内各专业共建共享课程。群内各专业的专业基础相通、技术领域相近，专业群平台课程必须体现群内各专业共同的专业基础理论和专业基础能力要求，主要是培养毕业生的职业基本能力。例如，铁道供电技术专业群内专业毕业生均应具备的职业基本能力有：电工、钳工、PLC技术及应用、信息技术及应用、机械制图与CAD设计，这些都是毕业生职业生涯可持续发展的基础；均应掌握的相近技术有：新型传感技术、建模与仿真技术、大数据技术、自动测控技术、通信技术、先进制造技术、物联网技术、人工智能技术等。该专业群内四个专业之间可以资源共享、协同创新、集群发展，群内各专业共享"轨道交通概论""电工电子技术及应用""安全教育与职业健康""机械制图与CAD""PLC技术及应用"课程资源。专业群平台课在课程名称、学时、学分、教学内容等方面应保持相对一致，结合专业的实际需求，专业群平台课程的教学内容深度或侧重点可以不同。例如，"高等数学"统一改名为"应用数学"，纳入专业群平台课程模块。根据各种不同类型的生源和不同专业特点对数学的需求差异，按工科类、文科类、3+证书、中高职贯通培养三二分段试点和高本协同育人试点等开设不同学时和学分的应用数学课程。面向机电、铁道工程类专业学生开设级数、工程数学内容。面向经管类专业学生开设经济数学。

（4）职业能力岗位课程：职业能力岗位课程是对接职业岗位群开设的专业必修课程，包括专业核心课、顶岗实习、生产实习、专业综合实践课、毕业论文（设计）等，约占总学分的40%~45%。职业能力岗位课程立足于提高人才培养的复合性，主要是培养学生胜任职业岗位所必需的综合职业能力，课程内容要紧密结合行业企业生产岗位需求，突出应用性和实践性，将职业道德、工匠精神、企业文化和专业特有素质要求等融入教学过程。按照相应职业岗位（群）的能力要求，三年制专业确定6~8门专业核心课程，两年制专业确定4~5门专业核心课程。这类课程必须是"工学一体化课程"。"工学一体化课程"的典型特征：①通过工作实现学习，通过学习学会工作；②通过分析企业典型工作任务，转化为工学一体化课程，以此为依据开发学习任务；③以学习任务为载体，让学生通过工作，实现学习。

（5）特色技能拓展课程：特色技能拓展课程是跨专业的群拓展选修课程，学生可以跨专业（群）、跨学院选修，是基于学生多样化和个性化发展需求开设的个性化选修课程，包括科技创新课程组、国际化课程组、专业技能提升课程组、创业实战课程组、企业订单课程组、学历提升课程组、跨类复合课程7个课程组，充分关注学生就业、创业、升学等个性化发展需求，不同课程组的内容不可以设置重复的课程，学生可以自主选修 2~3 个课程组，确保毕业后能够服务生产第一线且胜任 2~3 个职业技术岗位需要。学生结合自身兴趣和职业生涯规划可以选修跨类复合课程组或者专业提升模块。国际化课程组是针对境外合作办学项目专业开设，对接国际职业资格，提升专业国际化办学水平，培养学生国际化视野、跨文化交际能力。国际化课程组的任课教师要求双语教学。

表 5-3 专业群模块化课程体系进程示意表

课程类别		开设学期						备注
		1	2	3	4	5	6	
必修课	公共平台课程							第 1~2 学期开设，专业群内各专业大一学生必修
	专业群平台课程							第 1~3 学期开设，专业群内各专业大一、大二学生必修
	职业能力岗位课程（含顶岗实习、生产实习、毕业论文）							第 3~6 学期开设，专业群内各专业大二、大三学生必修
选修课	特色技能课程（限选）（植入订单班课程，融入 X 证书课程）							第 3~6 学期开设，专业群内学生选修，也可跨专业群（跨学院）选修
	通识文化课程							第 2~6 学期开设，各专业学生自主选修

同时，实施"大类招生、分层教学、按需选向、跨界培养"人才培养改革，教师分工协作实施模块化教学。发挥学校师资力量、教学场地、教学设备资源优势，结合企业技术技能、实践设备和管理经验等资源突破以往班级授课的局限，创新模块化课程的教学组织形式，形成包含教学准备、实施、实践、考核、反馈在内的全过程模块化教学组织形式。为了充分利用学校教学资源，由学业导师鼓励各专业学生主动适应社会需要，构建复合型知识结构、发展特长，鼓励学生积极参加数学建模竞赛、专业技能竞

赛、大学生挑战杯、"互联网+"创新创业大赛等各类竞赛，促进学生的全面发展，提升学生的就业竞争力。

（二）产教融合推进"信息技术+"课程资源建设

为了顺应"互联网+智慧教学"需求，大力推进信息化教学改革工程。学校牵头成立教学资源共建共享联盟，组建高水平的资源库设计开发团队，以建设结构化教学资源库为核心，遵循"一体化设计、结构化课程、颗粒化资源"的逻辑，将课程资源进行解构，实现"系统的颗粒化"和"颗粒的系统化"，如图5-4所示。行校企联合共建共享铁道供电技术专业国家级教学资源库，以满足学习者个性化发展和终身学习需求为目标，将产业资源与校际资源及时有效地转化为人才培养资源，该资源库是以技术技能课程为模块、"知识、技能、素质"呈递进阶梯配置、开放互动、动态更新的课程库。课程开发团队负责开发项目化或模块化课程，开发虚拟仿真教学资源，为高职学生、教师、企业员工和社会人员四类人员提供丰富、适用的课程资源；推广应用团队负责指导教师应用备课平台、辅导学生使用学习平台、培训企业和社会人员深度应用资源平台，提高资源库的知名度和辐射范围。

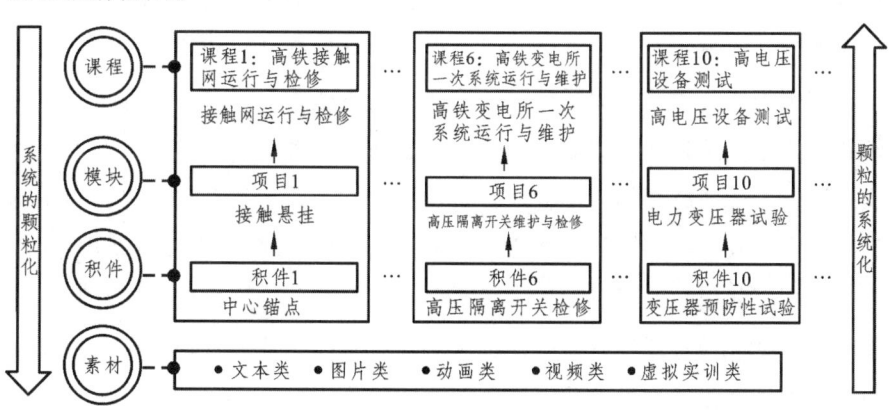

图5-4 课程资源分层建设架构

加快推进"信息技术+"实训课程建设。按照"育训结合、虚实结合"

的建设思路，以"金课名师"工程为抓手，推进"信息技术+"实训课程建设，利用现代化信息技术改造传统实践教学课程，建成与虚拟仿真相适应的实训课程体系。运用现代信息技术与"互联网+"平台，教学团队进行教学资源整合、结构化课程建设与一体化课程设计。以产教融合、理实融合、"信息技术+"教学融合、技术与文化融合为理念，基于超星智慧教学平台、中国慕课平台等加快精品在线开放课程建设，同时提升教学团队的专业课程开发能力和信息素养，同步开展课堂革命，引导学生开展深度学习和基于移动端的智慧学习，实现自主泛在个性化学习，使学生成为真正的学习主体和课程开发者。教师们积极运用"互联网+"信息技术开展翻转课堂、线上线下混合式教学，教师自建个性化课程，实施线上线下混合式教学模式，探索多样化的信息化教学模式，指导学习者制定适应自身特点的职业生涯发展规划、学业规划，提供专业性的、终身化的、个性化的指导与服务，为社会提供全方位的、开放式的终身学习平台。

（三）思专创融合优化课程教学体系

课程是人才培养的核心要素，课堂是人才培养的主要阵地。"思专创"融合是思想政治教育、专业教育、创新创业教育的融合式课堂教学形式，引导学生开展自主学习，结合"思专创"融合的社会实践活动、指导帮扶活动和中华传统优秀文化活动等，增强大学生融入思想政治教育的专业创新精神、创业意识和创新创业能力，健全高校"思专创"融合教育人才培养机制，打造"思专创"融合教育示范课程和金课。教育改革关键在于将思政元素有效融入创新创业课程和专业课程中，在传授创新创业知识之外，更要发挥创新创业课程对学生价值观引领的作用；构建依次递进、有机衔接的创新创业教育课程体系，将创新创业教育与专业教育相结合，将专业课程教学与企业产品设计、技术创新等相结合，聘请企业工程师或技术人员授课。将学生的创新意识培养和创新思维养成融入专业课和思政课的教学过程。每个专业在专业必修课中开设1~2门"思专创"融合的核心课程，将行业企业的"四新"内容（新技术、新工艺、新产品和新设备）融入专业课程之中，将思政教育、劳动教育与创业创新教育要素融入专业课程之中，并将该专业核心课程建成精品在线开放课程。依托创新工作室、双师工作室、技能大师工作室等平台，以创新创业训练项目为载体，在专业拓展课程模块中设置创新实践类课程和创业实战课程，实施项目化教学，促进思政教育、创新创业教育与专业教育的深度融合。课程教学体系强调"三性一力"，即适应性、实践性、创新性和行动力，强调从党的奋斗史中汲取指导我们日常实践的精神、动力和科学方法，指导学生在未来的事业发展中勇于攻坚克难，取得具有开创性和突破性的成绩。"思专创"融合式的课程教学体系必须坚持校内校外结合、课内课外联动，全面实施思专创一体化协同发展，推进课程育人、文化育人和实践育人。

（四）育训结合推进"1+X"有机衔接

学校联合领先企业，校企共建共享专业课程，以实施1+X证书制度试点改革为契机，以产业学院为平台，基于职业逻辑开展专业和课程改革，深化1+X证书制度下的人才培养模式改革，对接职业岗位群，全面推进课证融通，注重提升学生的可持续发展能力。邀请企业专家参与1+X证书制度下的人才培养方案论证和专业课程的开发，依据"课程内容与职业标准对接、教学过程与生产过程对接"的原则，校企合作开发职业技能考证培训课程包，将培训课程包纳入拓展任选课程模块。将X证书对应的课程设置打造个性化定制课程或模块，确保开设的课程或模块能够独立组成X证书培训课程。按照企业的用人需求和用人标准，开设职业技能等级考证课程，及时将"X证书"要求的内容融入课程，专业群内100%的学生考取主岗位的中级及以上证书，50%的学生考取相近岗位的中级证书，20%的学生考取相关岗位的初级证书，实现课证融通，提升岗位迁移能力。学校与广铁集团紧密合作共同开发特色课程和特色教材，将特色课程纳入公选课，学生根据自己的兴趣可以选修跨专业课程，落实职业学校并举实施学历教育与培训的职责，提升学校服务全民终身学习的供给力。学校与企业共同开发"1+X"职业技能等级标准证书，已与广州城市轨道交通培训学院股份有限公司共同开发了"城市轨道交通乘务""城市轨道交通站务""城市轨道交通信号检修""城市轨道交通变电检修"等"1+X"职业技能等级标准证书，并在证书开发过程中，强化学历教育与X证书在教学标准、教学内容等方面的深度融合。

四、打造双师型高水平教师队伍，保障复合型人才培养顺利实施

铁道供电专业群实施"院士+校企双带头人"制，培养专业群及群内各专业带头人；依托技能大师工作室、"双师型"教师培养培训基地以及产教融合实训基地等，构建"三基地、三结合、三提升"研训模式，加大校企互聘互派力度，打造一支数量充足、专兼结合、结构合理、具有"四有"标准和国际视野的高水平双师型教师队伍。

（一）坚持分层分类建设，校企共建大师工作室（站）

学校坚持分类分层建设，分别建设侧重于专业理论和实践操作的不同类型的校企双主体工作室（站），同时，组织申报建设省级、市级和校级三级不同类型的教师工作室（站）。根据国家、省关于加强"双师型"教师队伍建设的政策要求，结合学校教育教学实际，研究制定了《技能大师工作室管理办法》《"双师型"名师（名匠）工作室管理办法》《教师下企业实践管理办法》等制度文件，并在实施的基础上不断完善相关管理文件，形成了较为完善的教师工作室建设与管理方面的规章制度，确保工作室运行顺畅，切实发挥技能大师工作室、名师工作室在师资队伍建设方面的示范引领作用。工作室实施校企双主持人负责制，即由一名学校的主持人和一名企业的主持人共同负责工作室的建设与管理，工作室成员可以是学校专业教师和来自企业生产、管理一线的技术能手、现场工程师等，充

分发挥技能大师在带徒传技、技能攻关、技艺传承、技能推广等方面的重要作用，明确主持人和成员的职责，工作室的主要功能、建设任务、运行管理和考核细则，为推进高水平"双师型"教师队伍建设提供良好的制度保障。

（二）坚持系统思维引领，构建"三基地、三结合、三提升"研训模式

根据产教融合理论，以行业、高校、企业资源整合优化的系统思维为引领，专业群对接轨道交通企业构建"三基地、三结合、三提升"研训模式。所谓"三基地"，是铁道供电专业群与广州地铁、深圳地铁、佛山地铁等轨道交通企业深度合作，校企双主体以"共建、共享、共赢"为原则，建成"双师型"教师培养培训基地、轨道交通综合实训基地和国家级轨道交通虚拟仿真实训基地。依托国内一流的轨道交通综合实训基地，实现列车驾驶、行车调度和车站作业的"大三角"联合运行，为学生实训、师资培训、企业职工培训、技能考核、技术比武和"1+X"考证提供了优质的教学条件。"三结合"是指将思想政治教育、铁路光荣传统教育和职业素质教育与专业课程教学相结合，将专业实训与思政课实践教学相结合，将教师培养培训基地与大学生校外实践教学基地相结合。学校将思想政治教育课程开设地点从学校延伸到实训实习现场，让教师可以在企业现场通过鲜活的事实给学生讲政治、讲道德、讲文化、讲法纪，使教师在社会生产第一现场接受企业责任等思想的熏陶以及职业素质的养成教育。在教师培养培训基地，除了提供专业技能培训课程，还应为教师提供发展多种数字技能的培训课程，实现专业能力与数字化素养的双提升。所谓"三提升"是指校企合作共同实施"三提升"强师工程计划，即专业群"双师型"教师技艺技能提升、"模块化教学"协作提升与"国际化教学"能力提升。"模块化教学"协作提升计划是指构建模块化课程体系、组建"模块化教学"团队、实施模块化教学组织、建立模块化教学保障机制。"国际化教学"

能力提升计划通过加大中青年教师外语培训力度，实现外语培训制度化。此外，加大双语教学推进力度以双语教学促进教师国际化素质提升。同时，加大对骨干教师出国访学、研修的支持力度。

（三）坚持校企双主体协作，打造"双师双能型"教学团队

按照"固定岗+流动岗"的教师资源配置方法，建立校企互派互聘管理制度和长效校企合作运行机制，以不同类型的工作室（站）等为平台，组建专兼结合的"双师双能型"教学团队，以项目研发为纽带、课程和教材建设为抓手，重点解决本专业领域在产教融合、科技研发、技术技能积累、创新创业服务等方面的教育教学难题，企业技能大师带领学校教师共同研发项目，促进企业能工巧匠、工程师和学校的专业教师双向流动和相互交流，选派骨干教师到企业参加生产实践，加强专任教师与兼职教师之间的交流，通过教学能力培训提升兼职教师的授课能力，促进校企双师教学团队的合作，提高教师的工程素养和实践能力。采取柔性引进等方式，组建高水平、高层次技能型兼职教师队伍。同时，校企共建专业指导委员会。中国铁路广州局集团有限公司主导成立由各专业部总工为主任，各站段总工、职教科科长、学校二级学院负责人等组成专业建设指导委员会。

五、共建轨道交通智慧运维综合实训基地，满足职业岗位复合能力培养需求

（一）升级公共实训平台，强化专业群基本技能培养

学校通过组建专业群共享性公共实训平台，强化学生的基本技能培养。对接电工电子作业、计算机应用、PLC编程、变流器检修、电机电器检修等专业基础能力培养要求，整合优化电工电子、计算机基础、PLC、电力电子、电机电器等实训功能，搭建专业群专业基础能力实训平台，满足"教学做一体化"教学和专项实训需要，培养学生扎实的机电一体动手实践能

力。为满足企业产品模块化、定制化设计人才的需求，强化学生数字化设计和制造水平，建设一个集劳动技术教育、技能训练、科技小制作、专业技术课程教学和探索实践活动于一体的轨道交通智能制造创新中心。

（二）建设从虚拟到实战的综合实训基地，培养职业岗位复合能力

实体场所仍是当今职业技能训练的重要组成部分。但在实体场所进行实训或企业员工培训存在场地、物资和时间等局限性。当高职院校为企业员工进行两个月以上的职业技能培训时，企业员工更是需要牺牲部分工作时间来参加这些课程。AR、VR 和物联网设备能够随时随地为高职学生和企业员工带来沉浸式体验，让他们在亲身实践中掌握技能培训内容。借助 AR、VR 技术，学校无需重金投入就能为学生和企业员工提供更多锤炼关键技能的机会，让学生在没有安全隐患的环境中操作轨道交通运维系统设备。此外，教师还能针对学生表现提供实时反馈。因此，铁道供电技术专业群与广铁集团合作共建从虚拟到实战的综合实训基地。针对轨道交通运维系统安全要求高、联动性强、技术难度大的特点，对接变电所运维、接触网运维、机车驾驶与运维、通信信号设备运维等岗位复合能力培养要求，校企共建虚拟仿真实训基地、轨道交通模拟运营实训基地、轨道交通智慧运维实训基地共 3 个综合性校内实训基地。按照核心能力、拓展能力、综合能力三个培养阶段，通过虚拟训练、模拟演练、综合训练三个训练过程，提升学生的职业岗位复合能力。其中，轨道交通智慧运维实训基地可以开展接触网工、变电检修工、列车司机、通信信号检修工等多工种综合实战演练及考核，开展智能检测、健康诊断、检修对策等技术研究，是集人才培养、员工培训、技能考证、创新创业、技术服务于一体的生产性实训基地和技术应用研究基地。新建的轨道交通关键零部件虚拟仿真中心主要开发机车车辆转向架等轨道交通关键零部件三维模型和虚拟仿真资源，具备转向架零部件等的虚拟拆装和检修功能，一般用于智能制造综合实训。校

企共建与专业课程配套的音视频素材、教学课件、数字化教学案例库、虚拟仿真软件、数字教材等教学资源,实现高速铁路基础设施全方位展示,工作全过程模拟训练,让学生体验真实的工作情景,在体验式学习过程中完成知识的建构,获得实践应用能力,从而有效解决轨道交通类专业涉及知识内容多、技术难点高、教学难度大等问题。学生可以将自己所学的知识应用到实际的岗位工作中,不仅有助于提高学生的实践应用能力,还能有效地促进学生对所学理论知识的巩固和内化。学生能够了解到生产一线的岗位工作过程和未来的发展方向,进一步明确学习方向与职业生涯发展目标,避免出现因不了解企业实际工作而导致职业生涯发展目标存在偏差的问题。

(三)校企共建产教融合实训基地,打造轨道交通智慧运维实践教学资源

实践教学资源匮乏一直是制约复合型人才培养的难题。只有在实习基地、实践基地、实训基地里"真刀实枪"地磨炼过,学生才能熟练掌握多种专业技能,才能胜任两个以上职业岗位。学校携手铁路企业,以服务高速铁路发展新需求为目标,以学生发展为中心,以"系统、先进、共享"为原则,按照铁路运输特点设计与建设功能完善、布局合理的高速铁路综合维修实训基地,做到相互支撑,设备配套,涵盖基本实训室和实训项目设备配置要求。同时,对接企业现场工作任务,开设综合实训项目,例如,高铁综合维修技术专业与企业共同开发高速铁路精测精调、道岔转辙机组装测试、计算机联锁设备操作、接触网腕臂装配、结合部联合作业等实训项目,不仅能满足学生的实习、实训需求,同时能够满足铁路企业高铁综合生产一体化的员工培训需求。精准对接轨道交通关键装备智慧运维新技术发展,遵循产教融合、服务产业升级的要求,联合广州地铁等共建国家级混合制产教融合实训基地,坚持专业群共享、校企多方共用理念,参照真实的轨道交通智慧运维系统,按国家一流标准,建成集实践教学、科技

攻关、技能培训、创新创业功能于一体的国家级产教融合训基地。学习借鉴德国"双元制"、新加坡"教学工厂"等职业教育先进经验，依托轨道交通智慧运维产业学院，创新实训基地运营模式，健全实训教学开放共享管理制度，面向全社会开放共享，形成国内一流、国际可交流的轨道交通智慧运维实训教学标准、考核方案、实训指导书和实训教学资源。

第三节　高职复合型人才培养机制

一、创建"372"产教融合模式，形成复合型人才培养动力机制

产教融合具备跨越教育与产业的双重特点，覆盖"产业"和"教育"、"学校"和"企业"、"生产"和"教学"三个层次。广州铁路职院具有轨道交通行业背景深厚、区域产业集聚等多重优势，与轨道交通行业和产业有着天然而紧密的"血缘"关系，是广东省唯一一所以培养轨道交通特有专业人才为主的全日制高职院校，是华南地区轨道交通行业企业员工培训的重要基地，现已建设成为国家骨干高职院校、国家优质专科高等职业院校推荐院校、教育部首批现代学徒制试点院校、广东省一流高职院校。

学校对接轨道交通和先进制造等产业链，不断深化产教融合、校企合作，创建"372"产教融合模式，即3层次产教融合平台、7个产业学院和2个混合所有制二级学院。学校以产教融合治理主体多元化、治理内容多样化、资源供给精准化、决策执行高效化、评价过程科学化为目标，通过体制机制改革，在学校、二级学院、专业搭建三层次产教融合平台。在学校层面，广州市政府与中国铁路广州局集团共建广州铁路职业技术学院，按照"多元协同、利益共享、合作共赢"的原则，成立学院理事会和广州工业交通职业教育集团，组建华南"一带一路"轨道交通产教融合联盟。

在二级学院层面，各二级学院与广州地铁、广州机务段、广州动车段、

广州供电段、广州南方高速铁路测量技术有限公司、广州铁道车辆厂、广州数控等企业共建了 7 个产业学院。校企共建轨道交通智慧运维学院和智能轨道交通装备等两个混合所有制学院。在专业层面，专业群与企业共建专业群发展咨询委员会。按照"群以建院、以群强院"工作思路，以专业群（二级学院）为单位，建设 35 个专业群建设委员会。专业与企业开展深度产教融合：一是企业的经营管理干将和能工巧匠深度参与到专业的人才培养方案、课程标准等教学文件的制定与完善，参与专业建设、教学质量的诊断与改进工作。二是根据企业主营业务的工作或作业流程、内容、方法、项目和案例，专业人才培养方案必须开设相关的课程，设计配套的教材；或者将工作流程、内容、方法、项目和案例融入相应的专业课程，企业主动积极配合学校教师完成相关的工作，专业带头人带领教学团队对课程、教材内容进行职业化和岗位化深度开发。三是专企共同招生、共建专业、共育人才、共同考核评价和共同诊断与改进，专业培养的学生能够在企业相关工作岗位上进行专业实训或实习，专企必须共建共享生产性实训基地，实训基地的有效运行为校企共育人才提供保障，专企共同考核评价、诊断与改进，以确保人才培养质量的提升。四是专业要能对企业的工作或作业流程进行诊断、评价、改进，要能对企业的员工进行培训，即专业要为企业发展提供助力。依托三层次合作平台，学校全方位整合人才、技术、资金等要素，打造了"集团+联盟+产业学院+中心+基地"的校企合作运行体系。

2021 年，广州工业交通职教集团入选全国示范性职教集团培育单位，华南地区轨道交通产教融合实训基地入选"十四五"教育强国推进工程中央预算内投资储备项目。学校建立二级管理制度体系、绩效考核体系和人事激励制度等配套制度体系，形成"专业服务产业、人才共培共育、资源共建共享、师资互聘互派"的产教融合长效机制，扭转了行业企业参与办学内生动力不足的现状，有效解决了产教融合的共识之困、共治之困、共赢之困，从根本上解决了企业参与人才培养深度不够、参与合作办学动力不足的难题。

二、校企合作共建产业学院，形成复合型人才培养校企合作机制

为了更好地服务支撑轨道交通智慧运维产业升级发展，学校聚焦粤港澳大湾区轨道交通智慧运维产业升级需求，组建轨道交通智慧运维产业学院，致力于整合粤港澳大湾区轨道交通行业、企业、院校等各方资源，以粤港澳大湾区发展战略为目标，紧跟区域经济建设发展需求，构建学校与轨道交通产业集群联动发展机制，打造集人才培养、科学研究、技术创新与推广应用、企业服务、学生创业等功能于一体的大湾区产教融合共同体。依托轨道交通智慧运维产业学院，铁道供电技术专业群与中国铁路广州局集团有限公司、广州地铁集团有限公司、深圳地铁集团有限公司等轨道交通大型国企在牵引变电所、接触网、电气自动化等设备技术领域，开展专业合作、人才培养、职工培训、科技应用等方面深度合作，共同培养服务粤港澳大湾区轨道交通供电和自动控制领域的技术技能人才。学校增设双语专业课程，开设粤港澳三地方文化选修课，实现学分互用互认，畅通粤港澳大湾区课程共建的通道，打造具有粤港澳大湾区轨道交通人才培养特色的课程体系。

"轨道交通智慧运维产业学院"以校企双元协同育人为核心，以搭建校企协同育人平台为抓手，以专业服务产业、职业技能培训、六类技术服务、资源共建共享、师资互聘互派为拓展，形成以产业学院为产教融合实体的校企双元教学运行机制。产业学院采用理事会形式，建立理事会议事制度，在政府和学校层面构建合作学院动力机制、保障机制、成本分担机制。在合作学院层面，构建人才培养运行机制、师资培养运行机制、实训基地共建共享机制、员工培训及技能鉴定运行机制和技术服务运行机制，形成多方参与、共同建设、多元评价的校企合作运行管理机制，解决工学结合人才培养模式中的基地建设和师资培养等方面的难点问题，解决高速铁路发展中，铁路员工素质提升与技术升级不相适应等方面的难点问题，形成政

校企合作长效运行机制，解决了校企合作育人教学运行不畅的问题。

学校发挥国家级示范职业教育集团——广州工业交通职教集团优势，按照"固定岗+流动岗"的教师资源配置方法，建立校企互派互聘管理制度和共享机制。按照"共建共享、优势互补、互聘互派、长期合作"的原则，校企协同打造教学工区、双师工作室、教师企业实践工作站、技能大师工作室和"双师型"名师工作室等产教融合共同体。这些产教融合共同体集带徒传技、技术攻关、技能提升、技术交流等功能于一体，从单向流动转变为双向流动，从浅层次合作转变为深层次紧密合作。依托这些产教融合共同体，学校打造由企业工程师和学校教师组成的跨界的"双师双能型"教师团队，解决了复合型人才培养模式中"双师型"师资队伍不足的问题。

三、实施复合型人才培养改革，形成复合型人才培养保障机制

（一）全面推行学分制改革，优化复合型人才培养机制

学分制是以学分为单位计算学生的学习量，以累计平均学分绩点为尺度衡量学生的学业成绩的一种教学管理制度，具有"按学年注册、按学分选课、按学分毕业、按绩点发放毕业证"等主要特征，不仅可以满足不同学生的不同需要，而且有利于挖掘学生个人潜力。高职院校应该按照系统推进、分步实施的基本思路，在全校范围内稳步推进学分制改革。专业群内各专业协同发展、整合资源，突破专业界限，校企共同开发课程体系，以培养复合型人才为目标，以选课制、重修制和弹性学制为突破口，设计分类分层、交叉选课、群内互通的选课制，开设线上线下任意选修课程，交叉开设专业选修课程模块，并建立补考、重修与免修制度。构建"底层共享、中层分立、高层互选"学分制模式下的课程结构体系，实施弹性教学管理模式，建立学业导师制和选课制等利于学生自主选择的人才培养机制。根据各二级学院制定的专业分流方案，学生在完成专业群平台课程后，

在导师引导下，综合考虑自己的职业兴趣、就业倾向和个人特长在专业群内选择专业学习，导师为学生提供个人职业生涯规划等相关专业性咨询，引导学生选择更适合自己的专业。学分制改革促使学生自主选择课程的类型和比例明显增大，学习方式多样化、学习空间多元化，使学生的主体作用和能动性得到进一步的发挥，能够有效激发学生学习的自主性和积极性，形成"以学生为中心"的复合型人才培养机制，为人才培养质量的不断提升提供良好支撑。

在推行学分制改革的同时，高职院校必须建立学分制管理制度体系，制定《学分制管理办法》《学生学分认定与替换管理办法》《学分制学业导师管理办法》《学分制学生选课制度》《学分制学生管理规定》和《学分制收费暂行办法》等主要配套管理制度，与学分制改革配套的管理制度，从课程设置、学籍管理、选课修读、课程考核、成绩管理、学分认定和转换、学分兑换等各个方面规范学分制管理模式下的教学运行过程，提高教学管理效率，从制度上引导和激励学生自主选择学习内容、学习时间、学习地点，为培养复合型技术技能人才提供制度保障。

学分认定制度是复合型人才培养模式改革的前提和基础，也是高职院校开展学分认定与积累、学分置换和学分互认的基本制度，是实施校企双元育训结合、校企课程学分互认的制度保障。学校全面实施开放的、柔性的、弹性的学分制管理模式，打破了学制界线，创建了更灵活的、具有选择性的人才培养方案，实行弹性学制，允许优秀的学生提前毕业；同时，拓展学习空间，实施混合式教学模式，为培养复合型技术技能人才提供条件。学分制模式下的专业群人才培养方案实行弹性学制，将技能考证、学生竞赛、社会实践、创新创业成果等纳入总学分，有利于学生各类学习成果之间的转换。遵循"学有所获、尊重差异、发挥特长"的理念，以基于个性化、多通道教育的"学分银行"改革为突破，以有效实施主辅修制度、选课制度和导师制度等为重点，以健全完善学分制系列配套制度为支撑，以建立健全学分银行下的教学管理信息系统为条件，推行学生学习成果产出导向的课程改革，全面加快推进学分制改革，实现跨校、跨区域、跨专业的学分互认，实现学生的不同类型学习成果的可转换、可互认，拓展学生成长成才通道，形成个性化、多渠道多元人才培养机制，为全体学生全面发展、多样成才提供保障。

（二）加强教学管理制度建设，形成完善的教学质量保障体系

学校成立以学校主要领导为组长的教学质量保障领导小组，小组成员包含各教学部门（或教学点）的主要负责人，领导小组负责教育教学质量监控领导决策；领导小组下设办公室，办公室主要由质量管理部门负责，在教学质量保障领导小组领导下开展工作，负责统筹全校教学质量监控工作的建设和日常工作开展，并做好总结、反馈和跟踪工作。各职能部门和教学部门（或教学点）是具体实施主体，负责部门内部的质量监控工作。面对分散的教学点，通过建立一个多层次和全方位的校内教学质量监控组织管理机构，理顺工作关系，实现快速高效的工作机制，确保教学质量监控体系的完整性和有效性。针对各主要教学管理环节建立相应的质量标准、工作规范和工作规程，建立各项规章制度、完备教学文件、规范教学管理，建立教学质量保障文件，形成完善的教学质量保障体系。

教学质量监控体系包括内部监控与外部监控，监控的主体是教学质量相关的多元利益主体，包括学校、教师、学生、企业、教育主管部门等。企业与高职院校对于教学质量监控与评价有着共同的职责，二者合作开展教学质量监控，成立校企联合教学督导机构，在体制上保障企业主体参与教学监控与评价的实现，加强教学质量考评和督导。建立评课、评教、评学制度，制定教学质量评价与考核办法，每学期期末公布教学质量评价等级，并将其与教师绩效津贴、评优评先挂钩。每学期期末开展网上学生评教和教师评学，并向教师开放，引导教师不断优化教案、改革教学方法，提高教学质量。建立教学常规检查制度，每学期分为期初、期中、期末教学检查，期中和期末教学检查过程将组织学生座谈会，学生代表反应教学

和生活问题，并对教学提出意见和建议，教务处负责收集学生的意见和建议。建立学生信息反馈制度和毕业生跟踪调查制度，实现教学质量监控体系的信息化、科学化和动态化。

（三）创建企业主体参与质量评价的机制，完善专业建设诊断与改进体系

学校建立专业设置预警和动态调整机制，出台专业设置管理实施细则，规定设置专业须满足的基本条件，明确限制设置专业的指标。建立专业设置的预警和动态调整机制，把招生计划完成率和报到率、生均经费投入、毕业生就业率是否达到90%、毕业生学用一致率是否达到80%、毕业生对学校专业内容的满意程度、社会用人单位对高校毕业生的满意度、办学情况评价结果等几项指标作为衡量专业结构是否合理、专业结构能否实现与地方经济结构有效对接的主要依据。加强与经济部门、人事部门的有效沟通，通过对人才的合理预测、宏观指导和科学规划，改造传统专业，开发新增专业，淘汰招生、就业和人才培养质量低的专业，服务传统产业向高端化、低碳化、智能化发展。优先保证先进轨道交通装备、高档数控机床和机器人、节能、新一代信息技术产业相关专业的布局与发展，加强现代服务业的人才培养。设立新专业开发基金，建立新设专业建设常态监控机制和办学质量检查评估与整改机制。

完善专业建设与诊改的保障机制。成立校级专业规划领导小组、专业建设指导委员会和质量管理办公室，加强专业建设组织领导，强化质量保证组织体系和队伍建设，加强质量保证的规划落实与资源统筹；持续实施部门过程绩效考核，按照即时性、阶段性和结果性的原则，开展绩效评价。二级学院制定专业人才培养各环节的质量标准，形成人才培养过程完整、规范的质量标准体系和涵盖人才培养全过程的开放多元的质量保证制度。加快推进教学信息化平台建设，完善人才培养质量信息发布与监控系统，引入第三方参与专业建设诊断与改进工作，激发专业内生动力。

四、深化招生培养模式改革,形成"招生—培养—就业"联动机制

(一)主动改革招生培养模式,实行"大类招生、分类培养"

原来按单一专业进行招生的模式不适应专业群建设,因此,高职院校应以二级学院为单位改革招生模式,主动开展大类招生,以此为基础实施分类培养。大类招生是高职院校进行分类培养的途径与手段,分类培养、多样成才是目的。以广州铁路职业技术学院为例,电气工程学院、机车车辆学院、机电工程学院三个二级学院分别开展了大类招生改革试点。所谓大类招生,是指高职院校按照专业群大类招生或专业群分专业招生、按大类管理。所谓"大类招生"是指将产业背景相同、专业基础相通、技术领域相近的专业按一个专业大类进行招生,学生按照专业大类填报志愿入学,经录取后,新生入校经过1~2年的公共基础课程和专业群平台课程学习后,根据学生成绩、本人学习意愿及相关管理规定,结合企业用人需求,确定各专业方向总人数,实行专业分流。学生依据个人特长、发展意愿和学习能力,按照就业志愿选择就业方向。

(二)建立招生与就业指导服务体制,促进招生培养就业一体化

学校成立招生与就业部门,建立以学生为本的招生与就业指导服务体制。实施学校和二级学院两级招生就业工作体系,在招生、职业指导和就业等方面都制定详细的工作方案,各二级学院组建招生、培养、就业联动委员会,并明确招生与就业工作人员的责、权、利,学院按标准核拨招生就业专项经费,为招生就业工作开展提供组织上、制度上、经费上的保障。学校必须与企业、社会机构合作开展生源市场和劳动力就业市场的广泛调研,加强和改进招生工作措施,抢占优质生源市场,掌握就业市场前沿动态,与优秀企业合作建立优质就业岗位库。按照"结构合理、配置科学、程序严密、制度有效"的思路,建立完善的招生监督管理机制。学校根据

《教育部关于积极推进高等职业教育考试招生制度改革的指导意见》等文件精神,结合学校实际情况,招生与就业处必须制定《招生与就业管理办法》,促进招生工作、就业管理、职业指导工作的规范化和制度化。

(三)构建质量评价与反馈机制,促进高质量就业

学校质量办牵头构建毕业生质量评价与反馈机制,引入第三方评价,学校、企业和教育评价机构三方联动,对生源质量和就业质量信息进行收集、加工、分析,每年形成以数据为基础的《广州铁路职业技术学院应届毕业生社会需求与培养质量跟踪评价报告》,为人才培养方案修订、专业建设、专业结构调整优化、专业预警等工作提供决策依据,促进毕业生更高质量和更充分地就业。按照"共建、共享、双赢"的原则,校企合作开展招生(招工)、人才培养、就业管理。在现代学徒制培养模式下,校企合作共建、共享实训基地等教学资源,深化与广东省物联网协会、广州白云电器设备有限公司等行业企业在联合招生、教学管理、就业管理等人才培养全过程、全方位的协同创新,行校企三方合作开发教学标准、课程和教材等教学资源,实施校企双主体精准育人,实现学业、专业和就业紧密结合。

综上所述,招生、培养和就业是人才培养的三部曲,三者相互联系、互相影响,密不可分。如何实现学校培养、企业发展需求与人才就业精准对接是高职教育质量提升的重中之重。为了主动适应生源多元化、发展需求多样化对教育教学提出的新要求,行校企共同打造从课程开发、课程实施到课程评价的人才培养共同体,共同探索人才培养模式改革,形成多元参与、共同研制和实施人才培养方案的长效运行机制。同时,建立多元化的、人性化的学习制度和学生服务机制。基于生源特点建立以学生为本的学生工作管理体系,建立学校和二级学院两级学生管理制度。将学生学习选修课、多学选修课、学好选修课纳入学生个人综合评价,保证学生熟悉学校的一系列管理制度,了解学分制配套的选课制度等。

参考文献

[1] 杜威. 民主主义与教育[M]. 武汉：长江文艺出版社，2018.

[2] 柴宝林. 论黄炎培职业教育思想的现实意义[J]. 内蒙古师范大学学报（教育科学版），2007（1）：26-27.

[3] 世界技术与职业教育纵览——来自联合国教科文组织报告[M]. 刘来泉，选译. 北京：高等教育出版社，2002.

[4] 约翰.S.布鲁贝克. 高等教育哲学[M].3 版. 王承绪，郑继伟，张维平，等译. 浙江：浙江教育出版社，2001.

[5] 怀特海. 教育的目的[M]. 徐汝舟，译. 北京生活·读书·新知三联书店，2002.

[6] 马克思 恩格斯选集（1—4卷）[M]. 北京：人民出版社，1995.

[7] 马克思 恩格斯全集（第23卷）[M]. 北京：人民出版社，1979.

[8] 顾明远，孟繁华. 国际教育新理念[M]. 海口：海南出版社，2001.

[9] 姜大源. 职业教育要义[M]. 北京：北京师范大学出版社，2017.

[10] 石伟平，匡瑛. 职业教育[M]. 北京：科学出版社，2018.

[11] 赵志群. 职业教育工学结合一体化课程开发指南[M]. 北京：清华大学出版社，2009.

[12] 薛天祥. 高等教育学[M]. 桂林：广西师范大学出版社，2001.

[13] 熊川武. 实践教育学[M]. 上海：上海教育出版社，2001.

[14] 周明星. 不拘一格的创造力[M]. 武汉：武汉大学出版社，2000.

[15] 韩庆祥，张军. 能力改变命运[M]. 北京：中国发展出版社，2002.

[16] 张应强，周明星. 素质教育与实践能力培养全书[M]. 上海：华龄出版社，2001.

[17] 教育部职业教育与成人教育司，教育部职业技术教育中心研究所. 职业教育学与课程改革研究分卷[M]. 北京：高等教育出版社，2002.

[18] 联合国教科文组织国际教育发展委员会. 学会生存——教育世界的今天和明天[M]. 北京：教育科学出版社，1996.

[19] 夏征农，陈至立. 辞海第五卷（N—R）[M]. 6版. 上海：上海辞书出版社，2011.

[20] 中国社会科学院语言研究所词典编辑室. 现代汉语辞典[M]. 北京：商务印书馆，2016.

[21] 冯振生，周明辰. 高等职业教育理论研究与实践[M]. 北京：中国地震大学出版社，2000.

[22] 郭静. 高等职业教育人才培养模式[M]. 北京：北京高等教育出版社，2000.

[23] 石中英. 知识转型与教育改革[M]. 北京：教育科学出版社，2001.

[24] 严中华. 高职院校管理创新理论与实践指南：基于校企双主体教学企业构建与管理[M]. 北京：清华大学出版社，2011.

[25] 陈洪玲，于丽芬. 高校扩招后人才培养模式的理论与实践[M]. 北京：北京师范大学出版集团，2011.

[26] 孙进. 高职复合型人才协同培养的创新与实践[M]. 北京：中国建筑工业出版社，2018.

[27] 吴万敏. 行业标准与高技能人才培养模式[M]. 北京：高等教育出版社，2018.

[28] 陈增红，杨秀冬. 职业教育产教融合人才培养模式研究[M]. 北京：中国社会科学出版社，2020.

[29] 周建松. 高等职业教育高质量发展研究[M]. 杭州：浙江大学出版社，2020.

[30] 朱文富，何振海. 外国短期高等教育史[M]. 北京：人民出版社，2019.

[31] 杨毅红. "工商融合"复合型人才培养模式的探索与实践[M]. 上海：复旦大学出版社，2022.

[32] 王胜本，耿立艳，张占福. 新时代高校本科跨学科复合型应用人才培养模式研究[M]. 北京：科学出版社，2021.

[33] 张铮，刘法虎，陈慧. 新时代职业教育专业群开发研究与实践[M]. 武汉：华中科技大学出版社，2021.

[34] 李亚萍，金佩华. 我国高校本科人才培养模式理论研究综述[J]. 江苏高教，2003（5）：103-105.

[35] 吕鑫祥. 对高等职业技术教育的再认识[J]. 职教论坛，2004（11）：8-11.

[36] 刘红梅. 21 世纪高教人才培养模式基本原则探析[J]. 齐齐哈尔医学院学报，2002（5）：115-116.

[37] 马国军. 构建创新人才培养模式的研究[J]. 高等农业教育，2001（4）：19-21.

[38] 龚怡祖. 略论大学培养模式[J]. 高等教育研究，1998（1）：86-87.

[39] 董泽芳. 高校人才培养模式的概念界定与要素解析[J]. 大学教育科学，2012（3）：30-36.

[40] 张成涛. 马克思职业教育思想探析[J]. 职业技术教育，2010（5）：75-79.

[41] 李国胜，龚荣伟，许志武. 高职复合型人才培养模式的短板及优化建议[J]. 教育与职业，2017（19）：45-49.

[42] 浦毅. 高职院校智能制造复合型人才培养模式研究[J]. 教育与职业，2019（16）：48-52.

[43] 高平. 高职教育中复合型人才的培养探析[J]. 辽宁教育研究，2007（5）：73-74.

[44] 蒋玲，秦志凯. 浅议高职复合型人才的培养[J]. 江苏社会科学，2008（S1）：129-131.

[45] 李闽. 构建"三维"课程体系框架：高职复合型人才培养的应然路径[J]. 职教论坛，2020（4）：66-69.

[46] 孟庆研. 高校复合型人才培养的思考[J]. 长春理工大学学报（高教版），2010（1）：60-61.

[47] 方东. 高校复合型人才培养的现实困境及其反思[J]. 高教探索，2008（4）：135-136.

[48] 吴昊宇. 湖北省产业升级背景下高职复合型人才培养的现实困境、模式导向与对策研究[J]. 职教通讯，2020（1）：63-69.

[49] 许艳丽，李资成. 中国制造 2025 背景下高职院校复合型人才能力培养研究[J]. 中国职业技术教育，2017（20）：5-9.

[50] 王通讯. "人才评价标准"讨论之我见[J]. 中国人才，2002（11）：3.

[51] 秦芬. 1+X 证书制度下高职复合型技术技能人才培养研究[J]. 高等职业教育探索，2020（7）：30-35.

[52] 卢燕. 马克思主义人的全面发展思想对当前我国高校人才培养模式的启示[D]. 重庆：西南民族大学，2013.

[53] 关怀庆. 职业院校复合型技术技能人才能力分析与培育策略[J]. 南方职业教育学刊，2021（4）：95-101.

[54] 倪志梅. 从高校复合型人才培养看人才培养模式的改革[J]. 教育与职业，2012（9）：27-28.

[55] 王昆. 基于自贸区背景下复合型技术技能人才培养路径研究[J]. 高等职业教育（天津职业大学学报），2020（3）：51-54.

[56] 李宇红，王艳."双高计划"背景下技术技能人才新内涵研究[J]. 北京经济管理职业学院学报，2020（3）：20-25.

[57] 李国胜. 高职复合型人才培养模式的短板及优化建议[J]. 教育与职业，2017（19）：45-48.

[58] 徐国庆. 什么是职业教育——智能化时代职业教育内涵的新探索[J]. 教育发展研究，2022（1）：20-27.

[59] 徐红岩. 联邦职业教育研究所：德国职业教育系统规划的总设计师[J]. 职业技术教育，2014（30）：44-45.

[60] 曾令奇. 我国高等职教人才培养模式理论研究综述[J]. 职教论坛，2006（5）：26-29.

[61] 张智荣. 论高等职业教育人才培养模式[J]. 内蒙古财经学院学报（综合版），2004（2）：4-6.

[62] 陈家颐. 高职人才培养模式的理论思考[J]. 南通职业大学学报，2004（3）：61-69.

[63] 王前新. 高等职业教育人才培养模式的构建[J]. 职业技术教育（教科版），2003（10）：20-22.

[64] 陈庆合. 论高职教育定位与人才培养模式构建原则[J]. 职教论坛，2004（1）：4-6.

[65] 杨近. 构建我国高等职教人才培养模式的理论与实践框架[J]. 职教论坛，2004（4）：22-24.

[66] 刘太刚. 关于高职人才培养模式的思考[J]. 湖南师范大学教育科学学报，2003（1）：65-68.

[67] 蒋国平. 高职人才培养模式的构建[J]. 高教论坛，2004（2）:125-127.

[68] 杨林，褚绍绵. 论我国高等职业教育及其人才培养模式改革[J]. 辽宁高职学报，2003（2）：6-8.

[69] 朱贺玲，郝晓晶. 新文科建设背景下的复合型人才培养：新变局、新挑战与新思路[J]. 高教探索，2023（4）：20-25.

[70] 李闽. 构建"三维"课程体系框架：高职复合型人才培养的应然路径[J]. 职教论坛，2020（4）：66-69.

[71] 张健. 高职课程整合视阈:课程项目化与项目课程化[J]. 职业技术教育，2011（32）：7-10.

[72] 万达. 试论职业教育作为类型教育的基本特征[J]. 中国职业技术教育，2019（28）：11-15.

[73] 徐国庆. 确立职业教育的类型属性是现代职业教育体系建设的根本需要[J]. 华东师范大学学报（教育科学版），2020（1）：1-10.

[74] 王丹中，赵佩华. 产教融合视阈下高职院校协同育人机制探索[J]. 中国高等教育，2014（21）：49-51.

[75] 王作鹏. 以产教融合为逻辑主线的高职专业群建设实施路径探析[J]. 教育与职业，2021（22）：92-96.

[76] 别敦荣. 论高等学校人才培养模式及其改革[J]. 中国大学教学，2011（11）：20-22.

[77] 黄巨臣. 高校人才培养方案中的利益相关者逻辑及其作用机制[J]. 北京社会科学，2021（10）：56-65

[78] 蒋庆斌. 以典型技术为主线的高职教育专业课程体系构建[J]. 职业技术教育，2012（2）：17-19.

[79] 张慧. 敏高职院校 ICT 领域复合型技能人才培养专业核心课程体系构建与实践[J]. 中国职业技术教育，2017（8）：62-65.

[80] 王亚妮. 高职电气化铁道技术专业课程体系的构建与实践[J]. 中国职业技术教育，2013（26）：64-67.

[81] 黄镇生. 地方本科高校人工智能复合型人才培养模式系统模型构建及动力学分析[D]. 广州：广东技术师范大学，2021.

[82] 许宇飞，罗尧成. 1+X 证书制度下复合型技术技能人才培养的困境与路径选择[J]. 教育探索，2021（3）：39-42.

[83] 易烨. 1+X 证书制度视域下高职智能复合型技术技能人才培养探究[J]. 教育与职业，2021（16）：65-68.

[84] 董奇. 现代职业教育体系视角下的高职课程改革——兼论高职课程观的发展趋势[J]. 职业技术教育，2014（1）：29-33.

[85] KIESEWETTER H. Industrielle revolution in Deutschland：regionenals Wachstum-asmotoren[M]. Stuttgart：Franz Steiner Verlag，2004.

[86] 王明刚. 探索学校本位的现代学徒制之路[J]. 高教学刊，2016（18）：13-15.

[87] 林洁. 国外高校人才培养模式对河南省民办高校的启示[J]. 现代企业，2019（2）：94-95.

[88] 周震. 复合型外语人才培养模式理论与实践研究——对专业定位的思考[J]. 宁夏大学学报（人文社会科学版），2004（3）：88-91，128.

[89] 孙熙. 推动人工智能更好地为人类服务[J]. 中国国情国力，2020（4）：20-21.

[90] 孙竹，韦春荣. 国外工程教育人才培养模式解读及经验借鉴[J]. 中国教育技术装备，2019（22）：134-136.

[91] 陈彦初，唐湘桃. 高职复合型技术技能人才培养模式改革：现实困境与实施路径[J]. 南方职业教育学刊，2022（7）：55-70.

[92] 张雪翠. 美国社区学院课程设置对我国"专升本"制度课程衔接的启示[J]. 机械职业教育，2021（12）：25-29.

[93] 秦宏宇. 我国普职课程衔接的立法保障及实践探索——基于对美国社区学院转学功能的研究[J]. 北京政法职业学院学报，2022（2）：93-97.

[94] 李娜，郭砾，等. 高校开展"思专创"人才培养模式的优化路径[J]. 黑龙江高教研究，2023（5）：123-128.

[95] 黄兴海. 高职院校人才培养方案优化创新的关键路径[J]. 教育与职业，2016（19）：46-49.

[96] 汪治. 职业教育专业人才培养方案科学制订的理念与策略——基于对《指导意见》的研读[J]. 中国职业技术教育，2019（23）：15-19.

[97] 江小明，李志宏，等. 对落实《教育部关于职业院校专业人才培养方案制订与实施工作的指导意见》的认识与思考[J]. 中国职业技术教育，2019（23）：5-9.